【2人のホロスコープで読み解く】
【究極の相性診断法】
コンポジット占星術

伊藤マーリン

はじめに

「この人と付き合ったら、どうなる？」
「あの人と結婚したら、上手くやっていける？」
「あの人とペアを組んだら、仕事がスムーズに進む？」
など、人間関係の悩みは後を絶ちません。占い鑑定の現場でも、ご相談内容のほとんどが人間関係にまつわるものといっても過言ではないでしょう。

人は一人では生きていけません。私達が日々誰かと関わり、たくさんの人に囲まれて生きている以上、人間関係は無視できないテーマです。特に、恋人、夫婦、仕事の相棒など、親密に付き合っている人達との相性は、より良い人生を送る上で重要なテーマとなるでしょう。

本書でご紹介する「コンポジット占星術」は、西洋占星術における相性判断の技法の一つです。身近な人達との相性を判断したり、人間関係の悩みを解決したりする上で役に立ちます。

「コンポジット」とは「合成、混成、複合」という意味で、2人の人物のネイタルチャートを組み合わせて「コンポジットチャート」と呼ばれるホロスコープを作成します。その方法はとてもシンプルです。2人のネイタルチャートの各惑星の中間地点を計算で割り出し、そこにコンポジットの惑星があると仮定します。そうして、全く新しいホロスコープが出来上がるのです。

「コンポジット占星術」では、2人の人物の相性を見る場合、そこには「3つ目の存在」があると考えます。

例えば、そこに「Aさん」と「Bさん」という人物がいたら、「Aさんのネイタルチャート」と「Bさんのネイタルチャート」に加え、「AさんとBさんのコンポジットチャート」を作ることができます。2人のネイタルチャートを合成してできた

コンポジットチャートは「AさんとBさんの関係性」を示します。そして、まるで「Aさん」でも「Bさん」でもない「第3の人物」が登場したかのように、そこには個々のネイタルチャートとは異なる特徴が表れます。
　例えば、「考え方も性格も全く正反対の2人だけれど、結婚生活は上手くいっている」とか「仲の良い兄弟が一緒に会社を立ち上げた途端、ぶつかるようになってケンカが絶えない」というようなケースがあります。
　特定の2人が親密になる時、彼らの間には特別な関係性が生まれ、それは良くも悪くも作用します。「2人の関係性」を示すコンポジットチャートは、そのように複雑に込み入った相性の秘密を解き明かすヒントを示してくれるでしょう。
　本書は「ホロスコープ作成法」「リーディングケース」「占星術基礎データ」の3部構成になっています。
　まず、「ホロスコープ作成法」では、天文暦を見ながら自分でホロスコープを作成する方法をご紹介しています。それは、ちょうど本書を執筆し始めた頃、占星術講座の受講生の方から「ホロスコープを手書きで作成する方法を教えてもらいたい」とリクエストされたことがきっかけとなりました。
　最近では簡単にホロスコープを作成できるパソコンソフトやウェブサイトがたくさんあります。生年月日と出生地を入力するだけで簡単にホロスコープを作ることができるので、とても便利です。ただ、「作らない」と「作れない」は大違いです。西洋占星術に取り組むからには、手書きでホロスコープを作れるようになりたいものです。
　本書には、「ホロスコープ作成法」の解説に加え、「ネイタルチャート」「2重円チャート」「コンポジットチャート」の3種類が作成できるオリジナルのホロス

コープシートが付いています。この機会にぜひご自分でホロスコープを作成してみてください。

　また、「リーディングケース」では、恋愛、結婚、仕事など、鑑定の現場でご相談が多いテーマを中心に、具体的な相性判断のケースを五つ掲載しています。実在のカップルや仕事のパートナーにご登場いただき、それぞれのネイタルチャート、2重円チャート、コンポジットチャートと解釈例をご紹介しています。

　「占星術基礎データ」では、相性判断に役立つサイン、惑星、ハウス、アスペクトの解釈例を掲載しています。それぞれの意味はネイタルチャートをリーディングする場合と基本的に同じです。ただ、コンポジットチャート特有の解釈もあるため、道標としてそれぞれの意味を簡単にまとめました。

　人間関係や相性の判断は、一筋縄ではいきません。2人の人物の性格や価値観が交錯し、複雑に絡み合うので、いくつもの解釈ができます。それはまるで終わりがない旅のようです。それでも、天文暦をめくりながら惑星の動きを追い、電卓と格闘しながら惑星の位置を割り出すうちに、2人の間にどのようなエネルギーが流れているのかがわかるようになってきます。夢中でホロスコープを何枚も作っているうちに、リーディング力が格段にアップしていることを実感できるでしょう。「コンポジット占星術」に初めて触れる方は、本書を「手引き」として活用していただければ幸いです。

伊藤マーリン

Contents

はじめに　　　　　　　　　　　　　　　　　　　　　　　　3

Ⅰ　コンポジット占星術とは ——————————— 11
1　コンポジット占星術とは　　　　　　　　　　　　　　12
2　コンポジット占星術の起源　　　　　　　　　　　　　13
3　コンポジットとシナストリー　　　　　　　　　　　　14

Ⅱ　ホロスコープの作り方 ————————————— 15
1　手書きでホロスコープを作成することの重要性　　　　16
2　ホロスコープ作成に必要なデータを用意する　　　　　21
3　地方恒星時を求める　　　　　　　　　　　　　　　　22
4　ハウスカスプを求める　　　　　　　　　　　　　　　26
5　惑星の位置を求める　　　　　　　　　　　　　　　　29
　　① 補正時刻を求める　　　　　　　　　　　　　　　29
　　② 太陽の位置（サイン＆度数）を求める　　　　　　30
　　③ 月の位置（サイン＆度数）を求める　　　　　　　32
　　④ 水星の位置（サイン度＆度数）を求める　　　　　34
　　⑤ 金星の位置（サイン＆度数）を求める　　　　　　35
　　⑥ 火星の位置（サイン＆度数）を求める　　　　　　36
　　⑦「逆行」の計算の仕方　　　　　　　　　　　　　38
　　⑧ その他の惑星　　　　　　　　　　　　　　　　　39
6　アスペクトラインを記入する　　　　　　　　　　　　40
　　① アスペクトの種類　　　　　　　　　　　　　　　40
　　② アスペクトの測り方　　　　　　　　　　　　　　40
　　③ 許容度（オーブ）　　　　　　　　　　　　　　　41
　　④ アスペクトラインの書き方　　　　　　　　　　　42

Ⅲ　コンポジットチャートの作り方 ── 47
1 ミッドポイントとは　49
2 コンポジットチャートの惑星の位置を計算する　53
3 コンポジットチャートのハウスを計算する　58

Ⅳ　コンポジットチャートの読み方 ── 61
1 コンポジット独特のテクニック　62
　① 外惑星を見る際の注意点　62
　② マイナーアスペクト　63
2 コンポジットチャートの基本的な読み方　64
　① 2人の出生時間がわかる場合（＝ハウスを確定できる場合）　64
　② 2人の出生時間がわからない場合（＝ハウスを確定できない場合）　65
　③ 1人の出生時間がわかっていて、もう1人の出生時間がわからない場合　66

Ⅴ　リーディングケース ── 67
　ケース1　2人の相性を見る場合（出生時間がわかる場合）　68
　ケース2　ビジネスパートナー同士の相性（出生時間がわかる場合）　79
　ケース3　ビジネスパートナー同士の相性（出生時間がわからない場合）　93
　ケース4　恋人同士の相性（出生時間がわからない場合）　106
　ケース5　結婚の相性（出生時間がわかる場合）　123

Ⅵ　占星術基礎データ ── 139
1 **10天体×12サイン** ─── 140
　コンポジットの太陽　140
　コンポジットの月　141
　コンポジットの水星　142
　コンポジットの金星　143
　コンポジットの火星　144
　コンポジットの木星　145
　コンポジットの土星　146
　コンポジットの天王星　147

         コンポジットの海王星   148
         コンポジットの冥王星   149
         コンポジットのアセンダント   150
         コンポジットのドラゴンヘッド   151
         コンポジットのドラゴンテイル   152
  2   コンポジット惑星とハウス ---------------------- 153
         コンポジットの太陽   153
         コンポジットの月   154
         コンポジットの水星   155
         コンポジットの金星   156
         コンポジットの火星   157
         コンポジットの木星   158
         コンポジットの土星   159
         コンポジットの天王星   160
         コンポジットの海王星   161
         コンポジットの冥王星   162
         コンポジットのアセンダント   163
         コンポジットのドラゴンヘッド   164
         コンポジットのドラゴンテイル   165
  3   コンポジット惑星のアスペクト --------------------- 166
コンジャンクション   166
         太陽のコンジャンクション   166
         月のコンジャンクション   167
         水星のコンジャンクション   168
         金星のコンジャンクション   169
         火星のコンジャンクション   170
         木星のコンジャンクション   171
         土星のコンジャンクション   171
         天王星のコンジャンクション   171
         海王星のコンジャンクション   172
         冥王星のコンジャンクション   172
         アセンダントのコンジャンクション   172

セクスタイル　173
- 太陽のセクスタイル　173
- 月のセクスタイル　174
- 水星のセクスタイル　175
- 金星のセクスタイル　176
- 火星のセクスタイル　177
- 木星のセクスタイル　178
- 土星のセクスタイル　178
- 天王星のセクスタイル　178
- 海王星のセクスタイル　179
- 冥王星のセクスタイル　179

スクエア　180
- 太陽のスクエア　180
- 月のスクエア　181
- 水星のスクエア　182
- 金星のスクエア　183
- 火星のスクエア　184
- 木星のスクエア　185
- 土星のスクエア　185
- 天王星のスクエア　185
- 海王星のスクエア　186
- 冥王星のスクエア　186

トライン　187
- 太陽のトライン　187
- 月のトライン　188
- 水星のトライン　189
- 金星のトライン　190
- 火星のトライン　191
- 木星のトライン　192
- 土星のトライン　192
- 天王星のトライン　192

海王星のトライン	193
冥王星のトライン	193
オポジション	194
太陽のオポジション	194
月のオポジション	195
水星のオポジション	196
金星のオポジション	197
火星のオポジション	198
木星のオポジション	199
土星のオポジション	199
天王星のオポジション	199
海王星のオポジション	200
冥王星のオポジション	200
参考文献	201
おわりに	202
著者紹介	212
ホロスコープ作成用シート	205
コラム	
「2重円チャートの書き方のコツ」	44
「アスペクトを判断するときのコツ」	46

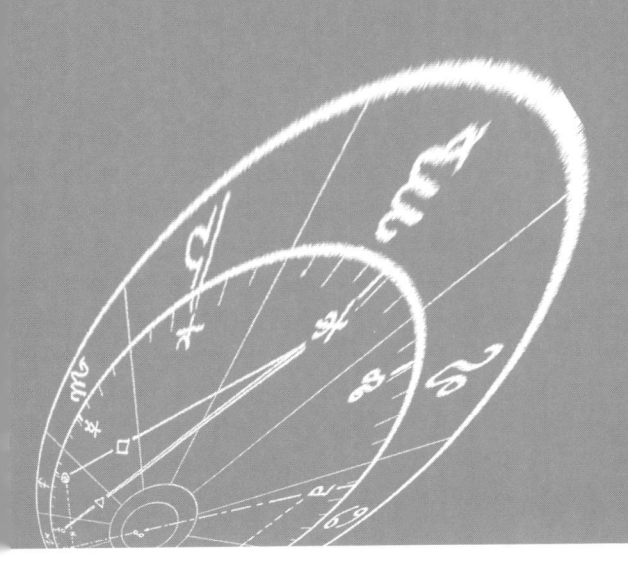

I コンポジット占星術とは

コンポジット占星術とは

二つのチャートの関係性を読み解くのがコンポジット占星術
それぞれの長所と短所、組み合わせによる妙が見えてくる

　コンポジット占星術とは、西洋占星術における相性判断の技法の一つです。親子、兄弟姉妹、友達、夫婦、恋人同士、仕事のパートナーなど、あらゆる関係にある2人の相性を占うことができます。

　コンポジットは「合成、混成、複合」という意味です。2人の人物のネイタルチャートを組み合わせ、コンポジットチャートと呼ばれるホロスコープを作成します。

　コンポジットチャートの作成法はとてもシンプルで、まず2人のネイタルチャートの各惑星の中間地点（ミッドポイント）を計算で割り出します。それをコンポジットチャートの惑星の位置として、新しいホロスコープに書き込みます。そのようにして出来上がった新しい「第3のホロスコープ」を元に、2人の相性や関係を読み解いていきます。

　2人の人物の相性や人間関係を判断する占星術のテクニックはいろいろあります。その中でもコンポジット占星術は、コンポジットチャート1枚だけで2人の関係性を読み解くことができるという点が優れています。コンポジット占星術のテクニックを身につければ、2人の人物が一緒にいることで生み出されるパワーや影響力を判断できるようになります。

コンポジット占星術の起源

コンポジット占星術の正確な起源は不明
ドイツで生まれアメリカで発展したといわれる

　コンポジット占星術の起源は謎に包まれています。
　一説によると1920年代にドイツで研究が始まったということですが、定かではありません。
　コンポジット占星術のテクニックを初めて本格的に紹介したのは、アメリカの占星術師ジョン・タウンリーです。彼は1973年に出版した"Composite Charts"という本の中で、基本的なコンポジット占星術の技法を解説しました。その後、同じくアメリカの占星術師ロバート・ハンドはタウンリーと共にコンポジット占星術の基礎的な技法を構築し、その成果を"Planets in Composite"という本にまとめました。
　本書では、タウンリーとハンドの研究成果を元に、現在の日本でも実践できるようにアレンジしたコンポジット占星術のテクニックをケーススタディと共にご紹介します。

コンポジットとシナストリー

二つのチャートを比較検討するのがシナストリー
コンポジットは二つのチャートから新たな視点を生み出す

　相性判断で一般的なものに「シナストリー」と呼ばれるテクニックがあります。これは、2人のネイタルチャートを重ね合わせてシナストリーチャート（2重円チャート）を作り、そこから相性を判断するという技法です。

　「シナストリー」と「コンポジット」は、どちらも身近な人達との相性を判断したり、人間関係の悩みを解決したりする上で役に立ちます。

　「シナストリー」では、2人の人物がどのように影響し合っているのかがわかり、「コンポジット」では、2人が一緒にいることで生まれるエネルギーや影響力がわかります。

　一方、両者の大きな違いとしては、「シナストリー」では2枚のネイタルチャートを重ね合わせるのに対し、「コンポジット」では2枚のネイタルチャートを1枚に統合するという点があります。「シナストリー」が2人の人物を比較することなら、「コンポジット」は2人がまるで一人の人物であるかのように同一視することだといえるでしょう。

　「コンポジット」と「シナストリー」に優劣はありません。どちらも相性判断において重要な役割を果たします。コンポジットチャートとシナストリーチャートの両方をじっくり検証することで、より充実した2人の相性と関係性を知ることができます。本書のケーススタディでは、2人の人物のネイタルチャート、シナストリーチャート（2重円チャート）、コンポジットチャートをすべてご紹介しています。

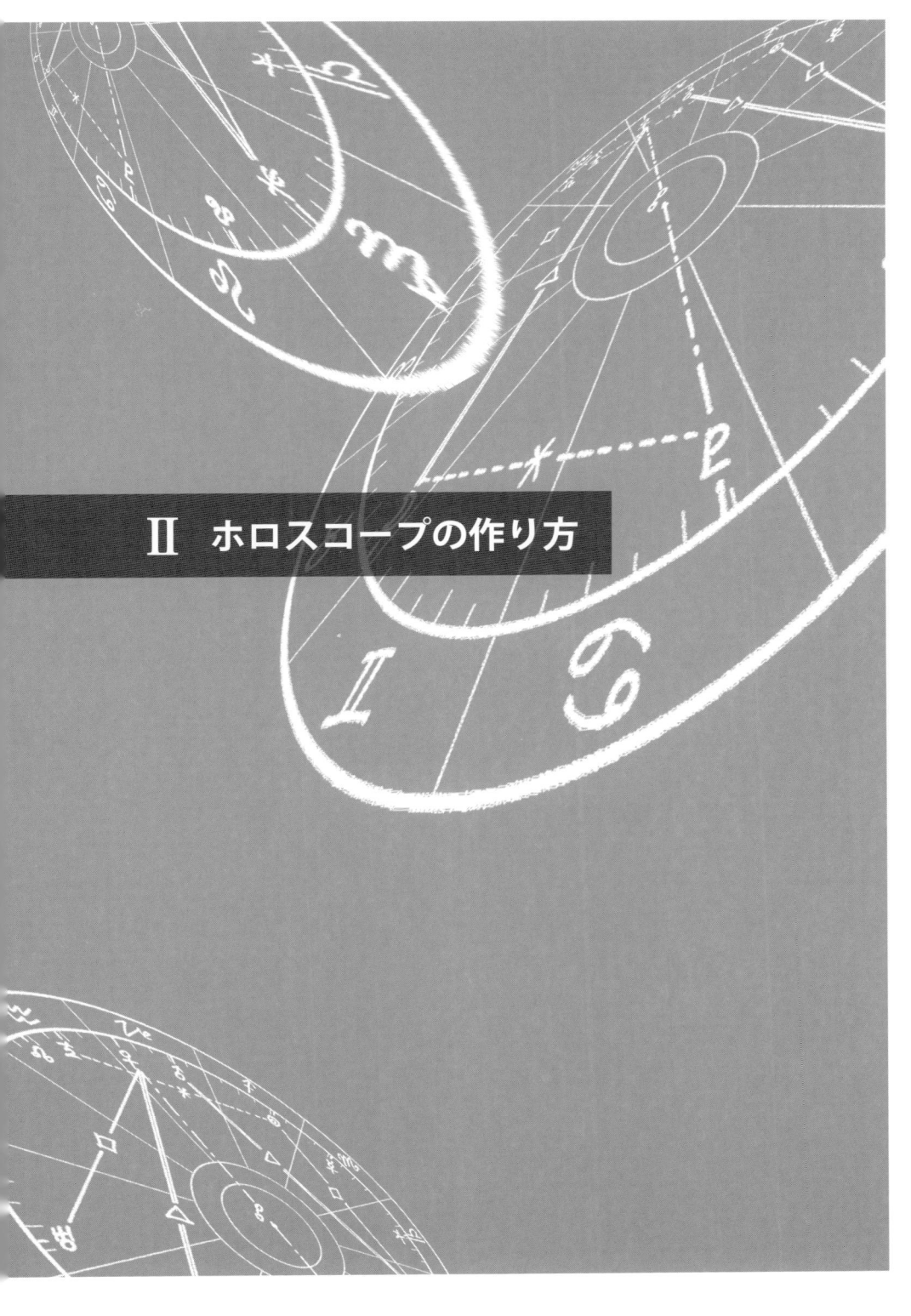

II ホロスコープの作り方

Making a Horoscope 1

手書きでホロスコープを作成することの重要性

自動作成では本当の知識は身につかない
手書きで作ることでリーディングスキルが向上する

　本章では、天文暦のデータを元に自分でホロスコープを作成する方法を解説します。

　最近では生年月日を入力すればホロスコープを自動で作成できる専門ソフトがあり、オンラインサービスも充実しています。ただ、占星術の上達を目指すなら、天文暦のデータを元にホロスコープを手書きすることは必須の技術です。

　何度も手書きでホロスコープを作る練習を繰り返せば、惑星の動きや惑星同士の関係性が自然と身につくので、リーディングスキルもアップします。

　最初は計算が面倒に感じるかもしれませんが、何枚もホロスコープを作るうちに慣れてくるので、粘り強く取り組んでみてください。いったんホロスコープ作成のテクニックを覚えてしまえば、作成スピードもアップするでしょう。

■ 本書で使用する天文暦

本書では、『完全版　日本占星天文暦1900年〜2010年　日本標準時』(魔女の家BOOKS)を元にホロスコープの作り方を解説します。日本標準時に準拠しており、「室項表」と「日本と世界の主要都市経度緯度表」がついているので便利です。ただし、この天文暦では2010年までのデータまでしか掲載されていません。それ以降のデータを確認したい場合は『増補版　21世紀占星天文暦』(魔女の家BOOKS)を入手してください。

■ 表現について

占星術では、春分点を基準として天球上の太陽の通り道である黄道を12分割した「黄道十二宮」を使います。天文学の星座と区別するため、黄道十二宮を白羊宮、金牛宮、双児宮、巨蟹宮……と呼ぶ場合もありますが、本書では黄道十二宮名称として牡羊座、牡牛座、双子座、蟹座、獅子座、乙女座、天秤座、蠍座、射手座、山羊座、水瓶座、魚座を使用します。

Ⅱ　ホロスコープの作り方

■ネイタルチャートの作り方

ステップ0　事前に確認する情報

1. 生年月日
2. 出生時刻（母子手帳）
   ① わからない場合は、12時生まれで計算
   ② 大まかにわかる場合は、明け方=6時／朝=8時／昼=12時／午後=15時／夜=21時／深夜=3時で計算
3. 出生場所

ステップ1　地方恒星時を調べる

1. 天文暦で生年月日の恒星時を調べる
2. 出生時刻を記入（秒は空欄）
3. 出生場所より地方時間差を調べる
4. 時間の加速度を調べる
   ①【出生時刻+地方時間差】=補正済出生時刻
   ② ①で出した「分」を「時」に変換（【÷60】）する
   ③ ②と①で出した「時」を足す
   ④【③× 9.8298】で「秒」を出す
5. 【1（恒星時／時分秒）+2（出生時／時分）+3（地方時間差／分）+ 4（時間の加速度／秒）】をし、六十進法で地方恒星時を出す

ステップ2　ハウスカスプのサイン・度数を調べる

1. 室項表にある、札幌・仙台・東京・名古屋・大阪・福岡から出生地に最も近い都市を選ぶ
2. 1の都市の恒星時から自分の地方恒星時と最も近い時間を選ぶ
3. 2の時間枠に記されている、10H・11H・12H・ASC（1H）・2H・3Hのサインと度数を記入する
4. 4Hから9Hまでのサインと度数を対向するものから記入する
5. ホロスコープにハウスカスプのサイン、度数、ASC／DES、MC／ICを書き入れる

ステップ3　太陽・月・水星・金星・火星の位置（サイン&度数）を求める方法／共通

1. 天文暦で出生日の惑星の度数を調べる
2. 天文暦で出生日の翌日の惑星の度数を調べる

3　【2−1】をして、1日の惑星の移動量を調べる（なお、度数の「秒」は 30 未満を切り捨てにし、30 以上を切り上げとする）
4　【3の度数の「分」÷60】をして、「度」に直す
5　【4÷24】をして、1時間当たりの惑星の移動量を調べる
6　【5×補正済出生時刻】をして、出生時までに惑星が何度移動したかを調べる
7　6で求めた度数に小数点がある場合は【6の小数点×60】をして、単位を度数の「分」に戻す
8　【補正出生時刻+7】をして、求めたい惑星の度数を出す
9　8の度数のうち、「秒」は 30 未満を切り捨て、30 以上を切り上げにする
⇒求める惑星のサインと度数がわかる

ステップ3−1　太陽の位置（サイン＆度数）を調べる

1　天文暦で出生日とその翌日の太陽の度数を調べる
2　【出生日翌日の度数−出生日の度数】をし、1日の太陽の移動量を出す
3　度数の「秒」は 30 未満を切り捨て、30 以上を切り上げにする
4　【3の度数の「分」÷60】をして、「度」に直す
5　【4÷24】をして、1時間当たりの太陽の移動量を出す
6　【5×補正済出生時刻】をし、出生時刻まで太陽が何度移動したかを出す
7　6で求めた度数に小数点がある場合は【6の小数点×60】をして、単位を度数の「分」に戻す
8　【出生日の度数+7】をする
9　8の度数のうち、「秒」は 30 未満を切り捨て、30 以上を切り上げにする
⇒太陽のサインと度数がわかる／ホロスコープに書き入れる

ステップ3−2　月の位置（サイン＆度数）を調べる

1　天文暦で出生日と出生日の翌日の深夜0時の月の度数を調べる
2　【出生日翌日の度数−出生日の度数】をし、1日の月の移動量を出す
3　度数の「秒」は 30 未満を切り捨て、30 以上を切り上げにする
4　【3の度数の「分」÷60】をして、「度」に直す
5　【4÷24】をして、1時間当たりの月の移動量を出す
6　【5×補正済出生時刻】をし、出生時刻まで月が何度移動したかを出す
7　6で求めた度数に小数点がある場合は【6の小数点×60】をして、単位を度数の「分」に戻す
8　【出生日の度数+7】をする
9　8の度数のうち、「秒」は 30 未満を切り捨て、30 以上を切り上げにする
⇒月のサインと度数がわかる／ホロスコープに書き入れる

> **ステップ3-3** 水星の位置（サイン&度数）を調べる

1　天文暦で出生日と出生日の翌日の水星の度数を調べる
2　【出生日翌日の度数−出生日の度数】をし、1日の水星の移動量を出す
3　度数の「秒」は30未満を切り捨て、30以上を切り上げにする
4　【3の度数の「分」÷60】をして、「度」に直す
5　【4÷24】をして、1時間当たりの水星の移動量を出す
6　【5×補正済出生時刻】をし、出生時刻まで水星が何度移動したかを出す
7　6で求めた度数に小数点がある場合は【6の小数点×60】をして、単位を度数の「分」に戻す
8　【出生日の度数+7】をする
9　8の度数のうち、「秒」は30未満を切り捨て、30以上を切り上げにする
⇒水星のサインと度数がわかる／ホロスコープに書き入れる

> **ステップ3-4** 金星の位置（サイン&度数）を調べる

1　天文暦で出生日と出生日の翌日の金星の度数を調べる
2　【出生日翌日の度数−出生日の度数】をし、1日の金星の移動量を出す
3　度数の「秒」は30未満を切り捨て、30以上を切り上げにする
4　【3の度数の「分」÷60】をして、「度」に直す
5　【4÷24】をして、1時間当たりの金星の移動量を出す
6　【5×補正済出生時刻】をし、出生時刻まで金星が何度移動したかを出す
7　6で求めた度数に小数点がある場合は【6の小数点×60】をして、単位を度数の「分」に戻す
8　【出生日の度数+7】をする
9　8の度数のうち、「秒」は30未満を切り捨て、30以上を切り上げにする
⇒金星のサインと度数がわかる／ホロスコープに書き入れる

> **ステップ3-5** 火星の位置（サイン&度数）を調べる

1　天文暦で出生日と出生日の翌日の火星の度数を調べる
2　【出生日翌日の度数−出生日の度数】をし、1日の火星の移動量を出す
3　度数の「秒」は30未満を切り捨て、30以上を切り上げにする
4　【3の度数の「分」÷60】をして、「度」に直す
5　【4÷24】をして、1時間当たりの火星の移動量を出す
6　【5×補正済出生時刻】をし、出生時刻まで火星が何度移動したかを出す
7　6で求めた度数に小数点がある場合は【6の小数点×60】をして、単位を度数の「分」に戻す

8 【出生日の度数+7】をする
9 8の度数のうち、「秒」は30未満を切り捨て、30以上を切り上げにする
⇒火星のサインと度数がわかる／ホロスコープに書き入れる

ステップ4 木星の位置（サイン&度数）を調べる

天文暦で生年月日より木星のサインと度数を調べ、ホロスコープに書き入れる

ステップ5 土星の位置（サイン&度数）を調べる

天文暦で生年月日より土星のサインと度数を調べ、ホロスコープに書き入れる

ステップ6 天王星の位置（サイン&度数）を調べる

天文暦で生年月日より天王星のサインと度数を調べ、ホロスコープに書き入れる

ステップ7 海王星の位置（サイン&度数）を調べる

天文暦で生年月日より海王星のサインと度数を調べ、ホロスコープに書き入れる

ステップ8 冥王星の位置（サイン&度数）を調べる

天文暦で生年月日より冥王星のサインと度数を調べ、ホロスコープに書き入れる

ステップ9 ドラゴンヘッドとドラゴンテイルの位置（サイン&度数）を調べる

天文暦で生年月日よりドラゴンヘッドとドラゴンテイルのサインと度数を調べ、ホロスコープに書き入れる

ステップ10 アスペクトラインを記入する

完　成

Making a Horoscope 2

ホロスコープ作成に必要なデータを用意する

生まれた時刻がわからない場合は
大まかな時間か正午生まれとする

　ホロスコープを作成するためには、次の三つのデータが必要です。

1 生年月日
　役所に出生届を提出した日ではなく、実際に生まれた日です。戸籍上の日付と実際に生まれた日が異なる場合は、実際に生まれた日を使います。

2 出生時刻
　母子手帳で確認するか、家族に聞いてみてください。大まかな時間しかわからない場合は、次のような方法でホロスコープを作成してみてください。

① **時間がわからない場合**
12時(正午)生まれとしてホロスコープを作成します。

② **大まかな時間しかわからない場合**
明け方=6時、朝=8時、昼=12時、午後=15時、夕方=18時、夜=21時、深夜=3時としてホロスコープを作成します。

3 出生場所
　自分が生まれた場所です。病院で生まれた場合は病院のある場所、自宅で生まれた場合は自宅のある場所となります。都道府県、できれば市区町村までわかると正確です。

　戸籍上の誕生地と実際に生まれた場所が異なる場合は、実際に生まれた場所を使います。

Making a Horoscope 3

地方恒星時を求める

時間の計算法は十進法ではなく六十進法となっていることに注意

　ホロスコープは、その人が生まれた場所（地方）の時刻を基準にして導き出したサインや天体の位置を記したものです。その時刻を、「地方恒星時」といいます。

　地方恒星時を求めるためには、天文暦で調べたデータを次の式に記入して計算します。

　なお、時間の計算は1時間＝60分、度数の計算は1度＝60分、1分＝60秒で、普通の十進法とは異なる六十進法になっているので注意してください。

　また、12星座すべてを合わせた角度は360度、1星座は30度で、一つの星座の30度が次の星座の0度に当たります。

　Aさんを例にして地方恒星時を計算してみましょう。

> 例）Aさん　1979年10月23日　13時52分　東京都区豊島区生まれ

【地方恒星時の計算式】

	時 (h)	分 (m)	秒 (s)
① 恒星時（Sid.Time）	:	:	
② 出生時（24時間表示）　＋	:	:	
③ 地方時間差　　　　　±	:	:	
④ 時間の加速度　　　　＋	:	:	
	時 (h)	分 (m)	秒 (s)
⑤ 地方恒星時　　　　　＝	:	:	

Ⅱ　ホロスコープの作り方

① 恒星時（Sid.Time）を記入

　天文暦の「1979年10月」ページで「23日」を探します。

　天文暦は英語表記のため「OCTOBER　1979」が該当ページです。

　一番左側のDayが日にちを表すため、「23　Tu」が23日となります。Tuとは Tuesday（火曜日）のことです。

　そのすぐ右側の「Sid.Time」は恒星時を表します。

　Aさんの例では「2　1　47」と書かれており、これは「2時1分47秒」という意味です。この数字を記入します。

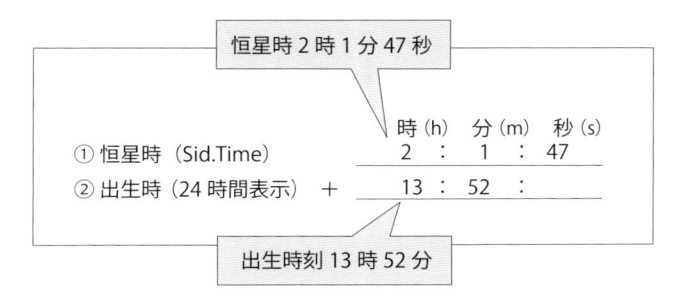

```
　　　　　　　　　　　　　恒星時 2 時 1 分 47 秒

　　　　　　　　　　　　　　　　時 (h)　分 (m)　秒 (s)
　① 恒星時（Sid.Time）　　　　　 2  :  1  : 47
　② 出生時（24 時間表示）　＋　　13  : 52  :

　　　　　　　　　　　　　出生時刻 13 時 52 分
```

② 出生時刻を記入

　出生時刻をそのまま記入します。「秒」は空欄で構いません。

③ 地方時間差

　日本標準時は兵庫県明石市（東経135度）を基準にしています。

　出生時に記入された時間も、日本標準時に基づくものです。

　ただ、実際は経度1度につき約4分の地方時間差が生じます。そのため、出生地と明石市の経度を調べて時間を調整する必要があります。

　天文暦に記載されている「日本及び世界主要都市経度緯度表」から地方時間差を調べて記入します。

　Aさんの出生地は東京都豊島区なので、「19m」、つまり明石市より「+19分」になります。

　出生地が明石市より東側の場合プラス（+）し、西側の場合はマイナス（−）して計算します。

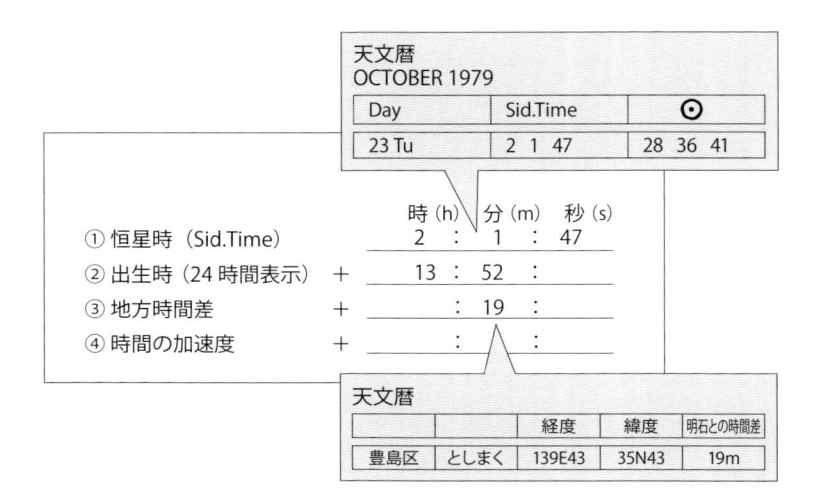

```
天文暦
OCTOBER 1979
| Day  | Sid.Time | ☉        |
| 23 Tu | 2 1 47  | 28 36 41 |
```

```
                        時(h)  分(m)  秒(s)
① 恒星時 (Sid.Time)       2  :  1  : 47
② 出生時 (24時間表示)   +  13  : 52  :
③ 地方時間差            +      : 19  :
④ 時間の加速度          +      :     :
```

```
天文暦
|      |        | 経度    | 緯度   | 明石との時間差 |
| 豊島区 | としまく | 139E43 | 35N43 | 19m          |
```

④ 時間の加速度（コレクション）

　時間の加速度とは「コレクション」とも呼ばれ、「その日の0時から出生時刻までに恒星時（Sid.Time）がどれほど進んだのか」を調べるものです。時間の加速度は「出生時刻×9.8298」（秒）で求めることができます。

　この値は経度にかかわらず、常にプラス（＋）とします。なお、天文暦の数字はすべて明石市の0時に設定されているので、「地方時間差」を考慮して計算します。

　Aさんの場合は13時52分生まれなので、地方時間差の19分を足してから、下記の計算をします。

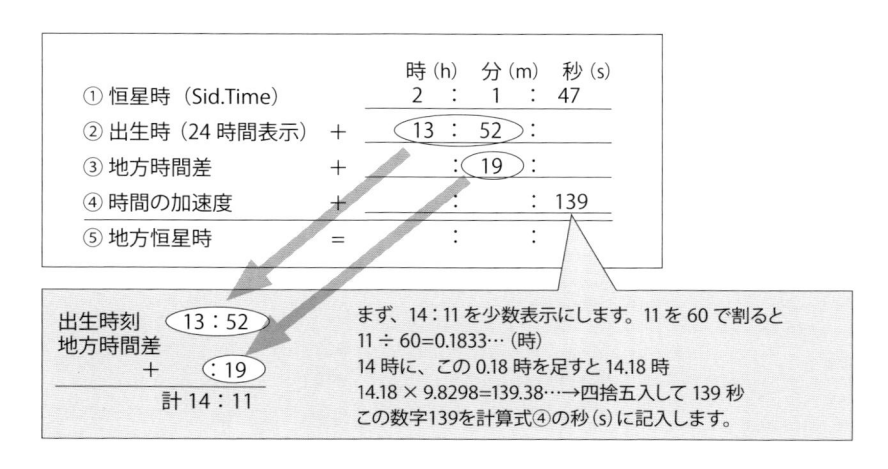

```
                        時(h)  分(m)  秒(s)
① 恒星時 (Sid.Time)       2  :  1  : 47
② 出生時 (24時間表示)   +  (13 : 52) :
③ 地方時間差            +      :(19) :
④ 時間の加速度          +      :     : 139
⑤ 地方恒星時            =      :     :
```

```
出生時刻  13：52
地方時間差
    ＋     ：19
─────────────
  計 14：11
```

まず、14：11を少数表示にします。11を60で割ると
11÷60＝0.1833…（時）
14時に、この0.18時を足すと14.18時
14.18×9.8298＝139.38…→四捨五入して139秒
この数字139を計算式④の秒(s)に記入します。

⑤ 最後にすべての数字を足す

		時 (h)		分 (m)		秒 (s)
① 恒星時（Sid.Time）		2	:	1	:	47
② 出生時（24時間表示）	＋	13	:	52	:	
③ 地方時間差	＋		:	19	:	
④ 時間の加速度	＋		:		:	139
⑤ 地方恒星時	＝	15	:	72	:	186
		↓		↓繰り上げ↓		
		16	:	15	:	6
		16	:	15	:	6

六十進法計算なので、60を超えたら繰り上げる

こうして「Aさんの地方恒星時は16時15分6秒」だということがわかりました。
なお、時間の答えが「24時」以上になった場合は24時間をマイナスします。

ハウスカスプを求める

**室項表には10ハウスから3ハウスまでしか掲載されていない
4ハウスから9ハウスまでは対向サインに置き換えて記入する**

① 室項表で地方恒星時を探す

「室項表」とは、出生地の緯度を補正して正確なハウスカスプ（境界）を求めるためのものです。

室項表には数種類ありますが、本書では「プラシーダス式室項表（日本標準時）」を使用します。

＜Aさんの地方恒星時は16時15分6秒＞

Aさんは、東京都豊島区生まれなので、室項表から最も近い都市を選びます。

室項表には、札幌、仙台、東京、名古屋、大阪、福岡の6都市が掲載されています。

Aさんの場合は「東京」が最も近いので東京を使用します。

そこから、Aさんの地方恒星時16時15分6秒に最も近いものを探すと「16：16：27」があるのでこれを使用します。

恒星時 時 分 秒	10H	11H	12H	ASC	2H	3H
16　16　27	6°♐	28°♐	21°♑	21°♒ 2′	6°♈	10°♉

　　　　　↑10Hのハウスカスプ　↑11Hのハウスカスプ　↑12Hのハウスカスプ　↑1Hのハウスカスプ　↑2Hのハウスカスプ　↑3Hのハウスカスプ

	4H	5H	6H	DES 7H	8H	9H
16　16　27	6°♊	28°♊	21°♋	21°♌ 2′	6°♋	10°♏

　　　　　↑4Hのハウスカスプ　↑5Hのハウスカスプ　↑6Hのハウスカスプ　↑7Hのハウスカスプ　↑8Hのハウスカスプ　↑9Hのハウスカスプ

※室項表には10H～3Hのハウスカスプしか掲載されていないので、4H～9Hは対向サインに置き換えて求めます。対向サインは次の表を参照してください。

※ASC（アセンダント）は1ハウスのハウスカスプ、DES（ディセンダント）は7ハウスのハウスカスプのことです。

※ホロスコープ上ではサインとハウスが逆時計回りに並んでいます。サインは牡羊座、ハウスは1ハウスが起点です。

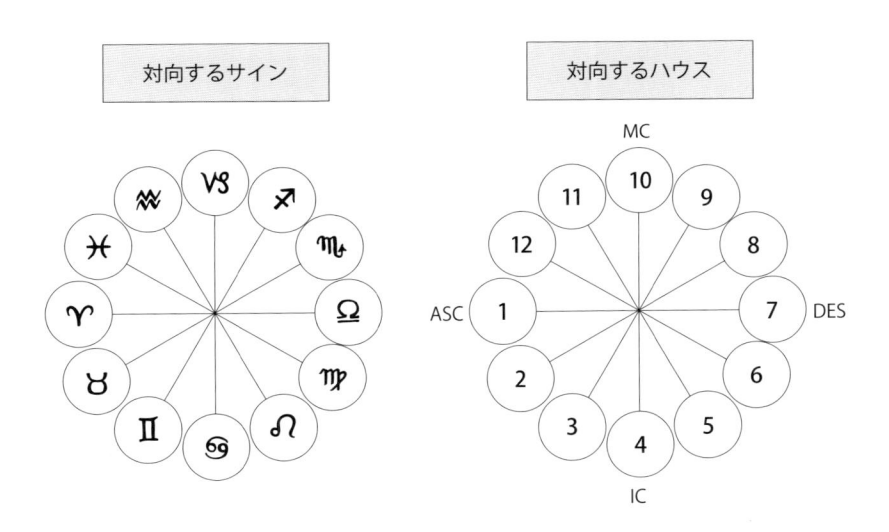

② ホロスコープにハウスのカスプ、サイン、度数を書き込む

ホロスコープにハウスのカスプ、サイン、度数を順番に書き込みます。

まず、ハウスカスプの度数に合わせてホロスコープに線を引きます。

次に、ハウスナンバー（1～12）を書き込みます。

ホロスコープ上の重要な点である「アングル（ASC、DES、MC、IC）」はわかりやすく目立たせておきましょう。

1ハウスのカスプにはASC（アセンダント・ポイント＝上昇点）、その真反対にある7ハウスのカスプにはDES（ディセンダント・ポイント＝下降点）と書き込みます。

また、10ハウスのカスプにMC（メデュアム・コエリ）、その真反対にある4ハウスのカスプにはIC（イマム・コエリ）と書き込みます。

Aさんの場合は図1のようになります。

図1

チャート区分 (ネイタル) コンポジット

名前　Aさん
生年月日　1979.10.23.　　出生時間　13:52
出生地　東京都 豊島区　　ハウスシステム　プラシーダス

Asc	21°♒2′
MC	6°♐
1	21°♒2′
2	6°♓
3	10°♉
4	6°♊
5	28°♊
6	21°♋
7	21°♌2′
8	6°♎
9	10°♏
10	6°♐
11	28°♐
12	21°♑

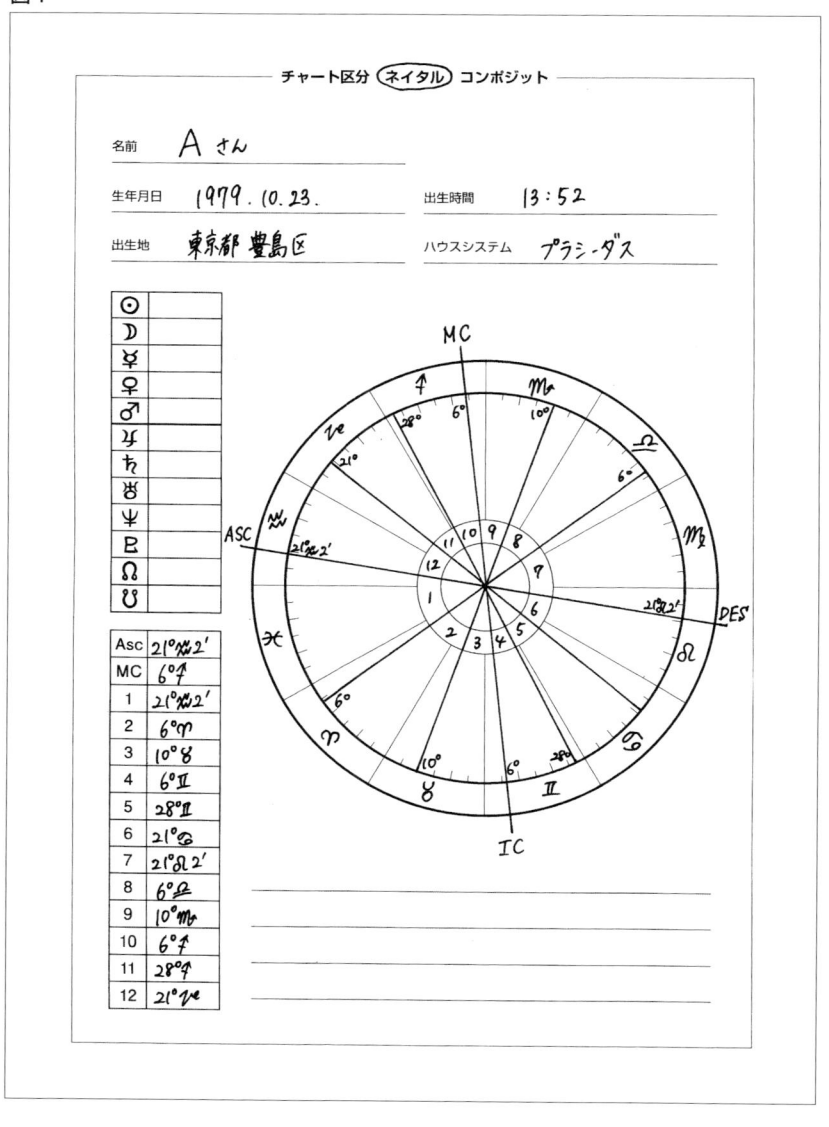

惑星の位置を求める

1 補正時刻を求める

　天文暦に掲載されている各惑星のサインと度数は、日本標準時の午前0時の位置に合わせてあります。

　そこで、出生時刻の惑星の位置を調べるには、鑑定対象者の出生時刻と出生地に合わせて補正計算する必要があります。

　最初に、明石市と出生地の時差を補正しておきます。

　出生時刻に地方時間差を±することで補正時刻を求めることができます。

> **Aさん　　1979年10月23日　13時52分　東京都豊島区生まれ**

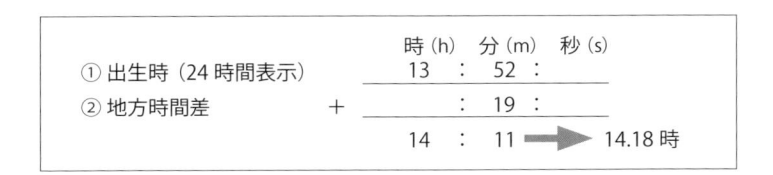

	時 (h)	分 (m)	秒 (s)
① 出生時（24時間表示）	13 :	52 :	
② 地方時間差　　　　＋		19 :	
	14 :	11 ➡	14.18 時

　ここで出た「分」の単位を60で割って、小数点表記にしておきます。

　Aさんの場合は、

11分→11÷60＝0.18…時

　14時に0.18時を加えて、14.18時。これを補正されたAさんの正確な出生時刻とします。

Aさんの正確な出生時刻は14.18時

　出生時刻の補正計算が終了したら、次の計算式を使って各惑星の位置を求めます。

```
【惑星の位置を求める計算式】
                              サイン    度(°)    分(')    秒(")
① 出生日の翌日の惑星位置      (     )    ：       ：
② 出生日の惑星位置            (     )    ：       ：
_____
③ 1日の移動量（①-②）=                   ：       ：

④ 1時間当たりの惑星の移動量（度）
⑤ 1時間当たりの移動量（④÷24）
⑥ 出生時までの移動量（⑤×補正済出生時刻）
⑦ 出生時の惑星位置（②+⑥）
```

2 太陽の位置（サイン＆度数）を求める

はじめに、出生当日0時～翌日0時の24時間で、太陽が何度移動したかを計算します。1サイン＝30度、1度＝60分、1分＝60秒という単位を参考にしてください。

OCTOBER 1979

Day		☉
23 Tu		28 ♎ 36 41
24 W		29 36 26

```
                                     サイン    度(°)    分(')    秒(")
① 出生日の翌日(24日)の太陽の位置    ( ♎ )   29：    36：    26
② 出生日(23日)の太陽の位置          ( ♎ )   28：    36：    41
_____
③ 1日の太陽の移動量（①-②）=                0°：    59'：    45"
```

④　1日当たりの太陽の移動量を度数にします。「秒」は30未満は切り捨て、30以上は切り上げにします。

そして、「分」の単位を60で割って度（小数点表記）にします。45秒は30秒以上なので切り上げて1分とし【59分＋1分＝60分】にします。

60分→60÷60＝1.00→1度

これで10月23日0時から10月24日0時の間に、太陽は60分＝1度進んだことがわかりました。

⑤　1時間当たりの太陽の移動量を計算します（④÷24）。

1÷24＝0.041……→0.04度

⑥　出生時までに太陽が何度移動したかを計算します（⑤×補正済出生時刻）。

0.04×14.18＝0.5672→0.57度

⑦　小数点以下の度数に60をかけて単位を「分」に戻します。

0.57×60＝34.2→34分

　これで、10月23日、太陽が0時から14時11分までの間に34分進んだことがわかりました。

⑧　次に、出生日（23日）0時の太陽の度数に、⑦で求めた数字（補正済出生時刻までの太陽の移動度数）をプラスします。

```
                         サイン   度（°）  分（'）  秒（"）
  23日0時の太陽の度数      （ ♎ ）  28  ：  36  ：  41
  23日14時11分の太陽の度数＋       0  ：  34  ：
  ─────────────────────────────────────────────
  Aさんの出生時の太陽の度数 ＝（ ♎ ） 29°：  10'：  41"
```

⑨　「度」「分」「秒」はそれぞれ六十進法表記なので、60に達するごとに繰り上げます。また、「秒」は「30未満は切り捨て、30以上は切り上げ」というルールを適用します。

　Aさんの場合は41秒なので、繰り上げて29度11分とします。

　これで、Aさんの出生時には太陽が天秤座29度11分に位置していたことがわかりました。

　この方法で、以下、出生時の月、水星、金星、火星の正確な位置を計算します。

3 月の位置(サイン&度数)を求める

天文暦では月の時間が、0hr☽(深夜0時)とNoon☽(お昼の12時)の2種類表示されています。

月の位置を求める際は、0hr☽(深夜0時)を基準に計算します。

OCTOBER 1979

Day	0hr ☽
23 Tu	16 ♏ 7 19
24 W	28 51 0

	サイン	度(°)	分(′)	秒(″)
① 出生日の翌日(24日)の月の位置	(♏)	28:	51 :	0
② 出生日(23日)の月の位置	(♏)	16:	7 :	19
③ 1日の月の移動量 (①-②) =		12°:	43′ :	41″

④ 1日当たりの月の移動量を度数にします。「秒」は30秒以上なので切り上げて「分」を44分に変更します。

また、「分」の単位を60で割って小数点表記にします。

44分→44÷60＝0.7333…→0.73度

これで10月23日0時から10月24日0時の間に、月は12度44分＝12.73度進んだことがわかりました。

⑤ 1時間当たりの月の移動量を計算します(④÷24)。

12.73÷24＝0.530……→0.53度

⑥ 出生時までに月が何度移動したかを計算します(⑤×補正済出生時刻)。

0.53×14.18＝7.5154→7.52度

⑦ 小数点以下の度数に60をかけて単位を「分」に戻します。

0.52×60＝31.2→31分

これで、10月23日は0時から14時11分までの間に月が7度31分進んだことがわかりました。

⑧ 次に、出生日(23日)0時の月の度数に、⑦で求めた数字(補正済出生時刻までの月の移動度数)をプラスします。

	サイン	度(°)	分(′)	秒(″)
23日0時の月の度数	(♏)	16	7	19
23日14時11分の月の度数+		7	31	
Aさんの出生時の月の度数=	(♏)	23°	38′	19″

⑨「度」「分」「秒」はそれぞれ六十進法表記なので、60に達するごとに繰り上げます。また、「秒」は「30未満は切り捨て、30以上は切り上げ」というルールを適用します。

これで、Aさんの出生時には月が蠍座23度38分に位置していたことがわかりました。

※注意：月は1日（24時間）で約12度移動するために、その日の途中でサインが変わる場合があります。その時は、前のサインに30度を足して、次のような方法で計算します。

例） OCTOBER 1979 10月26日

Day		0hr ☽		
26 F		24 ♐	55	6
27 Sa		8 ♑	15	49

10月26日から27日にかけて月のサインが射手座から山羊座に変わっています。

月の1日（24時間）の移動量計算は27日（0hr）−26日(0hr)

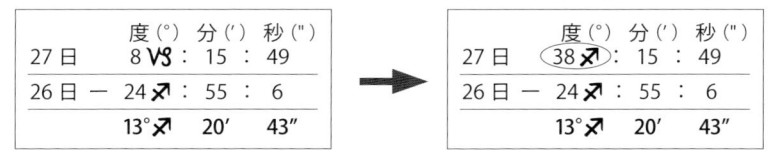

	度(°)	分(′)	秒(″)
27日	8 ♑ :	15 :	49
26日 −	24 ♐ :	55 :	6
	13° ♐	20′	43″

→

	度(°)	分(′)	秒(″)
27日	(38 ♐):	15 :	49
26日 −	24 ♐ :	55 :	6
	13° ♐	20′	43″

山羊座の前のサイン、つまり射手座にして30度をプラスします。

4 水星の位置(サイン&度数)を求める

OCTOBER 1979

Day	☿
23 Tu	21 ♏ 24.3
24 W	22 38.0

> 太陽と月以外の惑星は「度数」と「分」のみの表記になります

```
                                    サイン   度(°)   分(')
① 出生日の翌日(24日)の水星の位置    ( ♏ )   22  :  38.0
② 出生日(23日)の水星の位置          ( ♏ )   21  :  24.3
─────────────────────────────────────────────────────
③ 1日の水星の移動量 (① - ②) =              1°  :  13.7'
```

④ 1日当たりの水星の移動量を度数にします。「分」の単位を60で割って小数点表記にします。

13.7分→13.7÷60＝0.2283…→0.23度

　これで10月23日0時から10月24日0時の間に、水星は1度13.7分＝1.23度進んだことがわかりました。

⑤ 1時間当たりの水星の移動量を計算します(④÷24)。

1.23÷24＝0.05125→0.051度

⑥ 出生時までに水星が何度移動したかを計算します(⑤×補正済出生時刻)。

0.051×14.18＝0.72318→0.72度

⑦ 小数点以下の度数に60をかけて単位を「分」に戻します。

0.72×60＝43.2→43.2分

　これで、10月23日は0時から14時11分までの間に水星が43.2分進んだことがわかりました。

⑧ 次に、出生日(23日)0時の水星の度数に、⑦で求めた数字(補正済出生時刻までの水星の移動度数)をプラスします。

```
                              サイン   度(°)   分(')
23日0時の水星の度数            ( ♏ )   21   :  24.3
23日14時11分の水星の度数＋              0   :  43.2
─────────────────────────────────────────────────
Aさんの出生時の水星の度数 ＝  ( ♏ )   22°  :  7.5'
```

⑨「度」「分」「秒」はそれぞれ六十進法表記なので、60に達するごとに繰り上げます。また、「秒」は「30未満は切り捨て、30以上は切り上げ」というルールを適用します（小数点以下は四捨五入）。

これで、Aさんの出生時には水星が蠍座22度8分に位置していたことがわかりました。

5 金星の位置（サイン＆度数）を求める

OCTOBER 1979

Day		♀	
23 Tu		13 ♏	58.3
24 W		15	13.1

	サイン	度(°)	分(′)
① 出生日の翌日（24日）の金星の位置	(♏)	15 :	13.1
② 出生日（23日）の金星の位置	(♏)	13 :	58.3
③ 1日の金星の移動量（① - ②）=		1° :	4.8′

④ 1日当たりの金星の移動量を度数にします。「分」の単位を60で割って小数点表記にします。

4.8分→4.8÷60＝0.08→0.08度

これで10月23日0時から10月24日0時の間に、金星は1度4.8分＝1.08度進んだことがわかりました。

⑤ 1時間当たりの金星の移動量を計算します（④÷24）。

1.08÷24＝0.045→0.045度

⑥ 出生時までに金星が何度移動したかを計算します（⑤×補正済出生時刻）。

0.045×14.18＝0.6381→0.64度

⑦ 小数点以下の度数に60をかけて単位を「分」に戻します。

0.64×60＝38.4→38.4分

これで、10月23日は0時から14時11分までの間に金星が38.4分進んだことがわかりました。

⑧ 次に、出生日（23日）0時の金星の度数に、⑦で求めた数字（補正済出生時刻までの金星の移動度数）をプラスします。

	サイン	度(°)	分(′)
23日0時の金星の度数	(♏)	13 :	58.3
23日14時11分の金星の度数＋		0 :	38.4
Aさんの出生時の金星の度数＝	(♏)	14° :	36.7′

⑨「度」「分」「秒」はそれぞれ六十進法表記なので、60に達するごとに繰り上げます。また、「秒」は「30未満は切り捨て、30以上は切り上げ」というルールを適用します（小数点以下は四捨五入）。

これで、Aさんの出生時には金星が蠍座14度37分に位置していたことがわかりました。

6 火星の位置（サイン＆度数）を求める

OCTOBER 1979

Day		♂	
23 Tu		15 ♌	51.7
24 W		16	24.1

	サイン	度(°)	分(′)
① 出生日の翌日（24日）の火星の位置	(♌)	16 :	24.1
② 出生日（23日）の火星の位置	(♌)	15 :	51.7
③ 1日の火星の移動量（①－②）＝		0° :	32.4′

④ 1日当たりの火星の移動量を度数にします。「分」の単位を60で割って小数点表記にします。

32.4分→32.4÷60＝0.54→0.54度

これで10月23日0時から10月24日0時の間に、火星は32.4分＝0.54度進んだことがわかりました。

⑤　1時間当たりの火星の移動量を計算します（④÷24）。

0.54÷24＝0.0225→0.0225度

⑥　出生時までに火星が何度移動したかを計算します（⑤×補正済出生時刻）。

0.0225×14.18＝0.31905→0.32度

⑦　小数点以下の度数に60をかけて単位を「分」に戻します。

0.32×60＝19.2→19.2分

　これで、10月23日は0時から14時11分までの間に火星が19.2分進んだことがわかりました。

⑧　次に、出生日（23日）0時の火星の度数に、⑦で求めた数字（補正済出生時刻までの火星の移動度数）をプラスします。

	サイン	度（°）	分（′）
23日0時の火星の度数	(♌)	15 ：	51.7
23日14時11分の火星の度数＋		0 ：	19.2
Aさんの出生時の火星の度数＝	(♌)	16°：	10.9′

⑨　「度」「分」「秒」はそれぞれ六十進法表記なので、60に達するごとに繰り上げます。また、「秒」は「30未満は切り捨て、30以上は切り上げ」というルールを適用します（小数点以下は四捨五入）。

　これで、Aさんの出生時には火星が獅子座16度11分に位置していたことがわかりました。

7　「逆行」の計算の仕方

　水星、金星、火星は度数が戻ることがあります。この現象を「逆行」と呼びます。
　逆行の計算では、時間の経過に従ってサインの度数が戻る（マイナスされる）ので注意してください。
　なお、「逆行」に対して普段の惑星の動きを「順行」と呼びます。

＜水星逆行の例＞

> aさん　1980年3月18日　13時52分　東京都豊島区生まれ

※出生時刻の計算方法についてはAさんの例を参照

MARCH 1980

Day		☿	
18 Tu		7　♓　36.1	
19 W		7　(D)　27.2	

D：Direct Motion（惑星の順行開始のマーク）
R：Retrograde Motion（惑星の逆行開始のマーク）

※逆行中の3月18日において、水星の1日（24時間）の移動度数は、

18日－19日＝（大きい数字－小さい数字）

で計算します。

```
                                        サイン   度(°)   分(′)
① aさんの出生日（18日）の水星の位置     （ ♓ ）  7   ：  36.1
② aさんの出生日の翌日（19日）の水星の位置 （ ♓ ）  7   ：  27.2
                                                ―――――――――
③ 1日の水星の移動量（①-②）＝                   0°  ：   8.9′
```

④　1日当たりの水星の移動量を度数にします。「分」の単位を60で割って小数点表記にします。

8.9分→8.9÷60＝0.1483……→0.15度

　これで3月18日0時から3月19日0時の間に、水星は8.9分＝0.15度戻ったことがわかりました。

⑤ 1時間当たりの水星の移動量を計算します（④÷24）。

0.15÷24＝0.00625→0.00625度

⑥ 出生時までに水星が何度移動したかを計算します（⑤×補正済出生時刻）。
補正済みの出生時刻を14時11分と仮定した場合

0.00625×14.18＝0.088625→0.089度

⑦ 小数点以下の度数に60をかけて単位を「分」に戻します。

0.089×60＝5.34→5.34分

⑧ 次に、出生日（18日）0時の水星の度数に、⑦で求めた数字（補正済出生時刻までの水星の移動度数）をマイナスします。

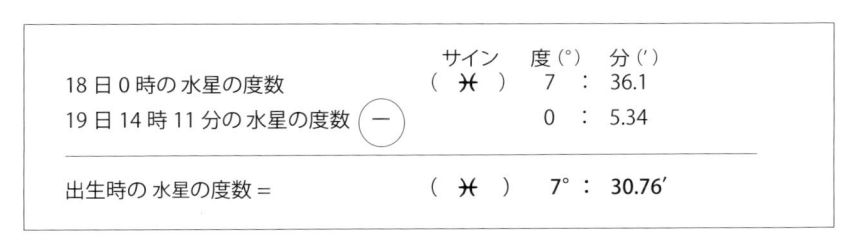

	サイン	度（°）	分（'）
18日0時の水星の度数	（ ♓ ）	7 :	36.1
19日14時11分の水星の度数 （－）		0 :	5.34
出生時の水星の度数 ＝	（ ♓ ）	7° :	30.76'

⑨「度」「分」「秒」はそれぞれ六十進法表記なので、60に達するごとに繰り上げます。また、「秒」は「30未満は切り捨て、30以上は切り上げ」というルールを適用します。

　これで、aさんの出生時刻において、逆行中の水星は魚座7度31分に位置していたことがわかりました。

8 その他の惑星

　木星以降の天体（ドラゴンヘッドとドラゴンテイルを含む）については、1日ではほとんど移動しないので、天文暦のサイン度数をそのまま使用します。

Making a Horoscope 6

アスペクトラインを記入する

「アスペクト」とは二つの惑星が相互に形成する角度のことで、「座相」とも呼ばれています。ホロスコープに惑星を記入したら、アスペクトしている惑星同士の間にアスペクトラインを書き込みます。

1 アスペクトの種類

アスペクトには、メジャーアスペクトとマイナーアスペクトの2種類があります。本書では、次の5種類のメジャーアスペクトをメインとして使います。

> 0度（コンジャンクション）
> 60度（セクスタイル）
> 90度（スクエア）
> 120度（トライン）
> 180度（オポジション）

2 アスペクトの測り方

　アスペクトはサインの度数を基準にして測ります。
　例えば、図2では、乙女座22°にある土星と蠍座22°にある水星は60度離れているので、セクスタイルの関係です。

図2

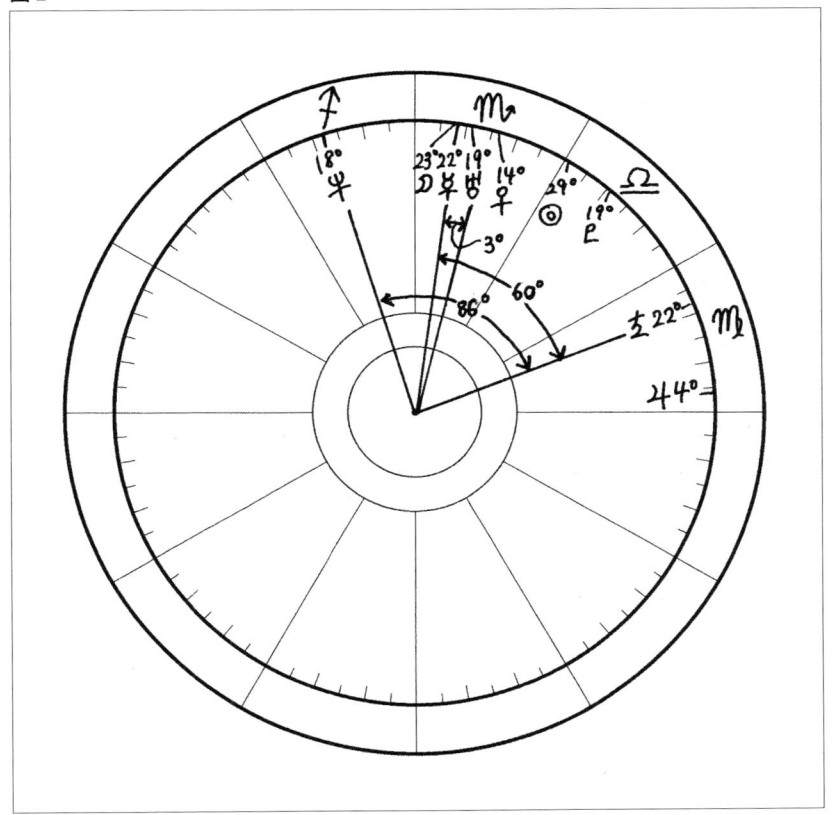

③ 許容度（オーブ）

　図2では、乙女座22°にある土星と射手座18°にある海王星が86度離れています。
　このような場合は、アスペクトをどのように考えればよいのでしょうか。
　実際、アスペクトを調べる際、惑星同士の角度がピッタリ0度になるとか、90度ジャストになるということはほとんどありません。そのため、正確なアスペクトを作っていなくても決められた範囲内に惑星があれば、アスペクトを形成しているものとみなします。この決められた範囲のことを「許容度（オーブ）」と呼びます。

許容度の考え方は占星術家によって異なります。

許容度が0度に近いほどアスペクトの効果がはっきり表れるため、許容度を狭く取る方が正確な判断ができるという人もいれば、太陽と月は他の惑星よりも許容度を広めにするという人もいます。

本書ではアスペクトの許容度を±5度とします。

名称	正確な度数	許容度	範　囲
コンジャンクション	0度	5度	355度〜5度
セクスタイル	60度	5度	55度〜65度
スクエア	90度	5度	85度〜95度
トライン	120度	5度	115度〜125度
オポジション	180度	5度	175度〜185度

図2の土星と海王星の例では、両者は86度離れているため、スクエア（90度）と判断します。

4 アスペクトラインの書き方

まず、ホロスコープ上のすべての惑星のメジャーアスペクトを調べます。

次に、アスペクトしている惑星同士を見つけて線を引きます。

この際、線の種類を変えるとわかりやすくなります。例では、60度（セクスタイル）を点線、90度（スクエア）を実線、120度（トライン）を二重線で記入しています。

また、カラーペンを使って60度（セクスタイル）は緑、90度（スクエア）は赤、120度（トライン）は青など、線の色を変えてもよいでしょう。

これで、図3のようにAさんのホロスコープの作成が完了しました。

図3 ホロスコープシート記入例

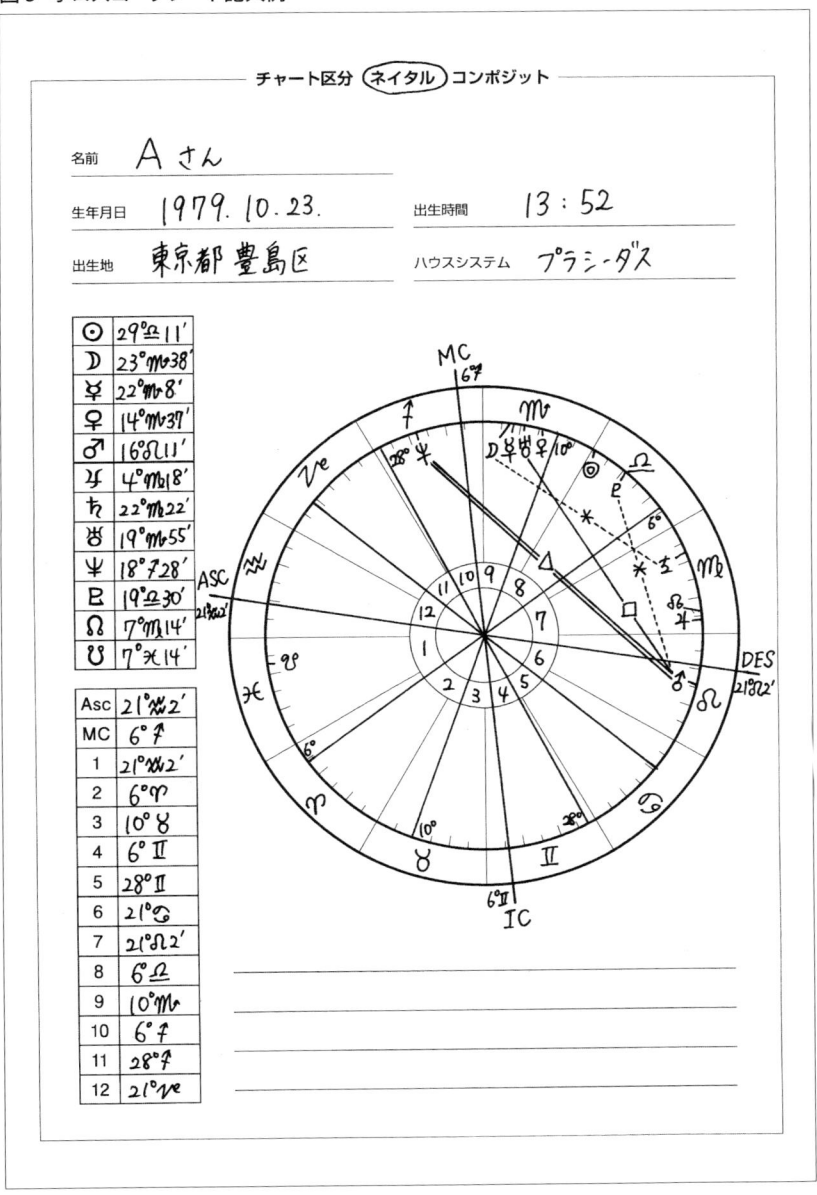

チャート区分 (ネイタル) コンポジット

名前　Aさん

生年月日　1979.10.23.　　出生時間　13:52

出生地　東京都豊島区　　ハウスシステム　プラシーダス

☉	29°♎11'
☽	23°♏38'
☿	22°♏8'
♀	14°♏37'
♂	16°♌11'
♃	4°♏18'
♄	22°♍22'
♅	19°♏55'
♆	18°♐28'
♇	19°♎30'
☊	7°♏14'
☋	7°♓14'

Asc	21°♒2'
MC	6°♐
1	21°♒2'
2	6°♈
3	10°♉
4	6°♊
5	28°♊
6	21°♋
7	21°♌2'
8	6°♎
9	10°♏
10	6°♐
11	28°♐
12	21°♑

43

Column 1

2重円チャートの書き方のコツ

　2人のネイタルチャートを重ねて2重円チャートを作成し、相性を占う方法を「シナストリー」といいます。その場合、本書付録の「2重円チャート作成図」を使うと便利です。

　2重円チャートの書き方のコツは、わかりやすく、見やすく書くことです。2枚のネイタルチャートが重なっている分、1枚のチャートに含まれる情報量も多くなります。数字やアスペクトラインをたくさん書き込むと見づらくなるので、注意しましょう。

① 内円と外円の設定を工夫する

　2重円チャートを作成する際は、まず内側の小さい円（内円）に1名分のネイタルチャートを書き込み、次に外側の大きい円（外円）にもう1名分のネイタルチャートを書き込みます。

　あなたとあなたの気になる相手のネイタルチャートを重ねる場合は、あなたのネイタルチャートを内円、相手のネイタルチャートを外円に設定すると、相手から受ける影響力がわかりやすくなります。

　一方、あなたが相手に与えている影響を主に知りたい場合は、内円と外円の設定を逆にするとよいでしょう。

② チャートの目盛を活用する

　本書付録の「2重円チャート作成図」には5度刻みの目盛りがついています。惑星の位置を書き込む際、すべての度数を逐一チャートに記入すると、ゴチャゴチャして見づらくなってしまいます。そのため、度数を書き込む代わりに、目盛を活用して惑星の位置を示しましょう。

③ アスペクトラインを整理する

　ネイタルチャートのアスペクトラインをそのまま2重円チャートに書き移すと、線が多すぎて肝心なアスペクトを見落とすおそれがあります。そのため、2重円チャートを作成する場合は、ネイタルチャートのアスペクトラインを割愛します。
　2人の相性を重点的に見るためには、内円と外円にまたがるアスペクトラインだけを書き込みましょう。

Column 2

アスペクトを判断する時のコツ

　ホロスコープは円形なので、中心部分の角度は360度です。それを12サインに分割すると、一つのサインの度数は30度となります。

　例えば、ホールケーキをカットする場合を想像してみてください。ホールケーキを12等分にカットすると、先端が30度にとがったケーキが12個できます。ホールケーキをホロスコープだとすれば、ケーキの1ピースが1サインとなります。

　アスペクトを判断する時は、「1サイン＝30度」というポイントを念頭に置いておきましょう。すると、「サイン二つ分＝60度（セクスタイル）」、「サイン三つ分＝90度（スクエア）」、「サイン四つ分＝120度（トライン）」というように、惑星同士のおおよその角度がわかります。

　また、「三つのクオリティ」と「四つのエレメント」の関係性も、アスペクトをとらえる上で大きなヒントとなります。

　まず、クオリティ（活動・不動・柔軟）が共通するサイン同士のアスペクトは、スクエア（90度）です。例えば、牡羊座と蟹座はどちらも同じ「活動」のサインであり、そこに入っている惑星同士の距離は大体90度になります（ただし、牡羊座29度と蟹座1度など、極端な場合は除く）。

　次に、エレメント（火・地・風・水）が同じサイン同士のアスペクトは、トライン（120度）です。例えば、牡牛座と乙女座はどちらも同じ「地」のサインであり、そこに入っている惑星同士の距離は大体120度になります（ただし、牡牛座29度と乙女座1度など、極端な場合は除く）。

　どちらの場合も、「惑星同士の度数の差が大きい場合はアスペクトを形成しない」という例外がありますが、惑星があるサインのクオリティとエレメントに注目することで、おおよそのアスペクトを判断できます。

III コンポジットチャートの作り方

■コンポジットチャートの作り方

ステップ0 用意するもの

2人のネイタルチャート

ステップ1 惑星(サイン)の度数を360度表示に直す

牡羊座を基点とし、二つのチャートの惑星(サイン)を360度表示にする

ステップ2 同じ惑星の度数を足して2で割る

1　ステップ1で出した同じ惑星(サイン)の360度表示の度数を足す
2　【1÷2】をする

ステップ3 360度表示をサイン表示に直す

ステップ1で用いた表を参考にして、ステップ2で出した度数をサイン表示に直す

ステップ4 「近いミッドポイント」と「遠いミッドポイント」を判別する

1　2つのチャートの惑星(サイン)の度数の距離が150度以上なら「遠いミッドポイント」と判断する
2　1で「遠いミッドポイント」と判断されたサインは対向のサインを「近いミッドポイント」として修正する

ステップ5 チャートに記入する

ステップ1から4までの結果を踏まえて、チャートに惑星とサイン、度数を記入する

ステップ6 ハウスのカスプを調べる

1　ステップ5までに出した、コンポジットチャートの10ハウスのカスプを出す
2　現在の2人にとって最も重要な都市またはその都市から近いものを、天文暦の室項表の6都市(札幌、仙台、東京、名古屋、大阪、福岡)から選ぶ。
3　2で選んだ都市から、1の10ハウスのカスプの度数が適合する箇所を探す。

完 成

Making a Composite Chart

1

ミッドポイントとは

ミッドポイントとは二つの惑星から等距離にありその惑星同士の特性を結びつけるもの

　コンポジットチャート（コンポジットホロスコープ）は、二つのネイタルチャート（ネイタルホロスコープ）を合成してできる図です。

　コンポジットチャート作成のポイントは、惑星の間の「ミッドポイント」を見つけることです。ミッドポイントとは、黄道十二宮の二つの惑星から等距離にある中間地点で、二つの惑星の特性を結びつけるポイントだといわれています。

　例えば、人物Aと人物Bのコンポジットホロスコープを作る時、Aの太陽とBの太陽、Aの月とBの月……というように、ホロスコープ上の主要な惑星に注目することから始めます。

　二つの太陽のミッドポイントがコンポジットの太陽、二つの月のミッドポイントがコンポジットの月……という手順で、他の惑星のミッドポイントも同じように割り出します。ただし、ハウスは違う方法で算出します。

　また、コンポジットチャートのミッドポイントを使おうとすると、次のような問題が生じるので注意してください。直線上では二つの惑星間のミッドポイントは一つですが、ホロスコープは円形のためミッドポイントが二つになります。なぜなら、円は360度で1周する形状なので、二つの惑星の間には二つの弧ができ、そこに対となる二つのミッドポイントが生まれるからです。

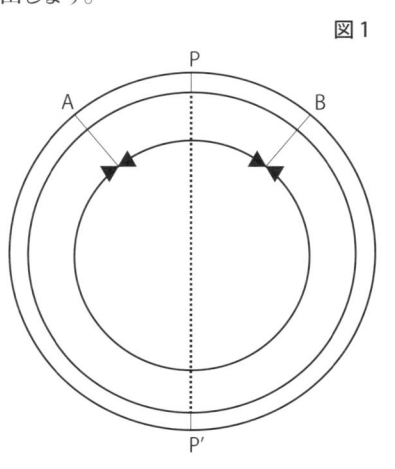

図1

図1を見るとわかるように、一つの円にAとB、二つの点があるとすると、それは二つの円弧（ABとBA）を生み出します。

　円弧ABはP点によって二分され、円弧BAはP'点によって二分されます。もしAとBが惑星だとすると、ミッドポイントはP点とP'点の二つあるということになります。

　短い円弧のミッドポイントであるP点を「近いミッドポイント」、そしてもう一方のミッドポイントP'点を「遠いミッドポイント」と呼びます。P点とP'点は常にピッタリ180度離れた位置関係にあります。

　このように、コンポジットチャートに二つのミッドポイントがあると、どちらに注目すればよいか迷ってしまいます。そのため、「短い円弧ABのミッドポイントであるP点（近いミッドポイント）の方が、長い円弧BAのミッドポイントであるP'点（遠いミッドポイント）よりもパワフルである」という仮説に基づき、P点をコンポジットチャートのミッドポイントとします。

　すべての惑星において二つの対となるミッドポイントがあるということは、コンポジットホロスコープを理解する上で重要です。コンポジットホロスコープは、普通のネイタルホロスコープとは異なります。この違いについては「Ⅳコンポジットチャートの読み方」でくわしく解説しますが、重要な点を少しだけ触れておきましょう。

　太陽と金星と火星はセットになって動くため、ネイタルチャート上では近い位置にいます。一方、コンポジットチャートでは、太陽と水星のオポジションや金星と水星のオポジションという不思議な現象が起こります。これは、普通のネイタルチャートではありえないことです。

　この現象は、太陽と水星と金星が二つのネイタルチャートでオポジションに近い位置にある時に起こります。この場合は、それぞれの惑星の「近いミッドポイント」だけを使います。

　図2と図3は、後からご紹介するケーススタディで登場するB男さんとC子さんのネイタルチャートです。これらを使ってコンポジットチャートの作り方を順に解説していきます。

図2

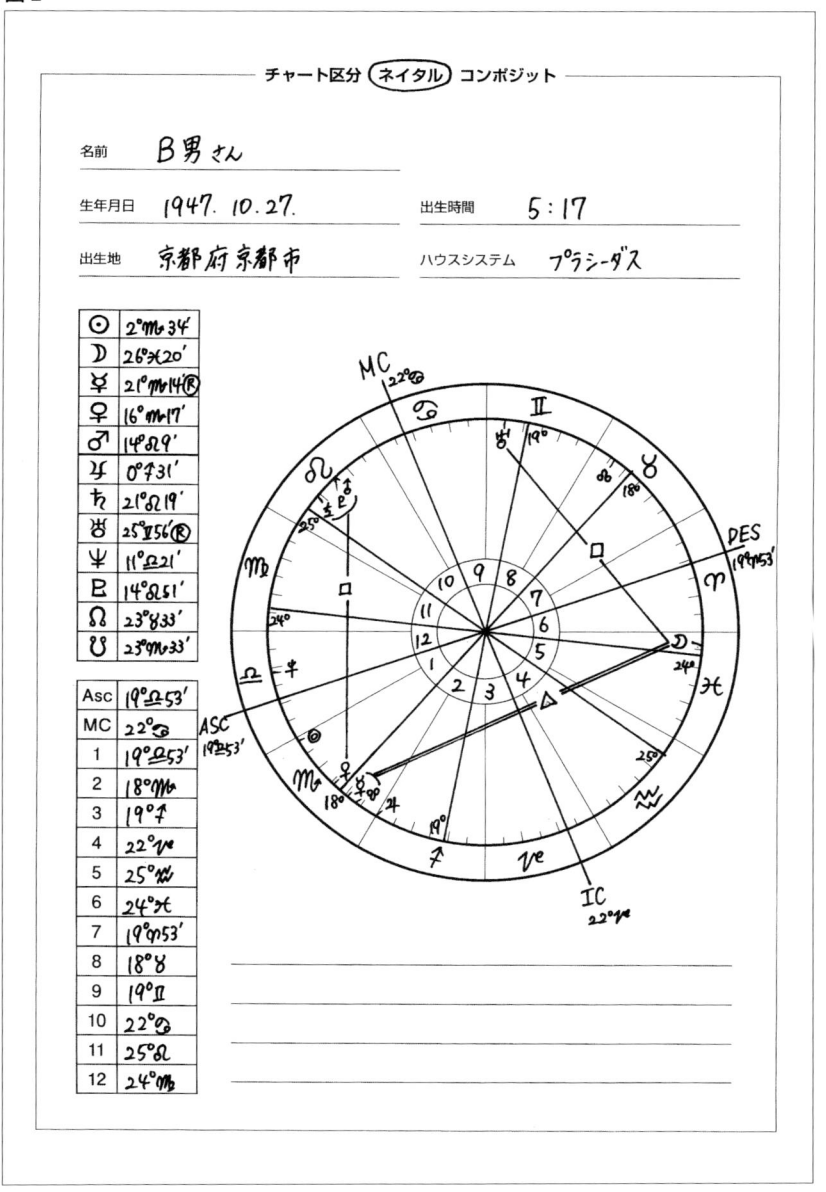

チャート区分 (ネイタル) コンポジット

名前　B男さん

生年月日　1947.10.27.　　出生時間　5:17

出生地　京都府京都市　　ハウスシステム　プラシーダス

☉	2°M,34'
☽	26°♓20'
☿	21°M,14' ®
♀	16°M,17'
♂	14°♌29'
♃	0°♐31'
♄	21°♌19'
♅	25°♊56' ®
♆	11°♎21'
♇	14°♌51'
☊	23°♉33'
☋	23°M,33'

Asc	19°♎53'
MC	22°♋
1	19°♎53'
2	18°M,
3	19°♐
4	22°♑
5	25°♒
6	24°♓
7	19°♈53'
8	18°♉
9	19°♊
10	22°♋
11	25°♌
12	24°♍

51

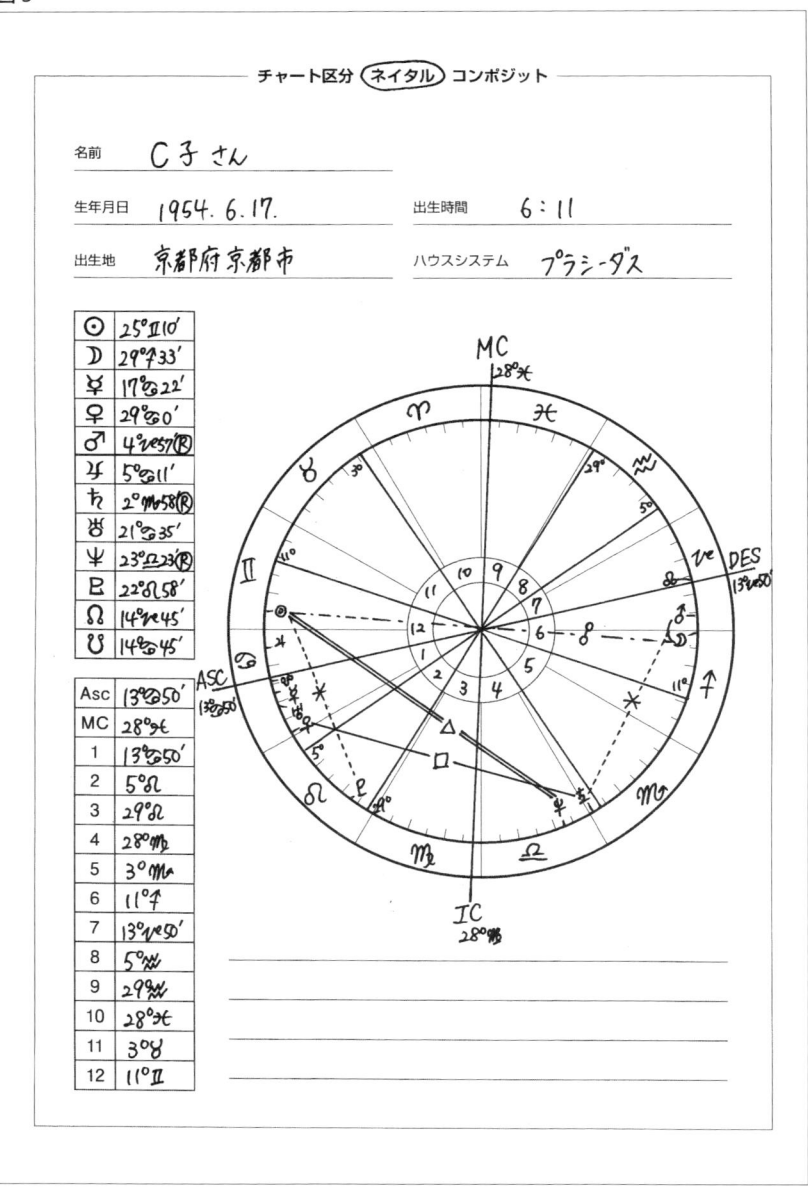

III コンポジットチャートの作り方

図3

| チャート区分 | (ネイタル) コンポジット |

名前　C子さん

生年月日　1954. 6. 17.　　出生時間　6：11

出生地　京都府京都市　　ハウスシステム　プラシーダス

☉	25°Ⅱ10'
☽	29°♐33'
☿	17°♊22'
♀	29°♉0'
♂	4°♒57'(R)
♃	5°♋11'
♄	2°♏58'(R)
♅	21°♋35'
♆	23°♎23'(R)
♇	22°♌58'
☊	14°♒45'
☋	14°♌45'

Asc	13°♋50'
MC	28°♓
1	13°♋50'
2	5°♌
3	29°♌
4	28°♍
5	3°♏
6	11°♐
7	13°♑50'
8	5°♒
9	29°♒
10	28°♓
11	3°♉
12	11°Ⅱ

52

Making a Composite Chart

2
コンポジットチャートの惑星の位置を計算する

Step.1

　二つのネイタルチャートにおいて、惑星の位置する度数をそれぞれのサイン表示から360度表示に変更します。

　この場合、すべての惑星の位置を牡羊座を基点としてカウントします。それぞれのサインにおいて、次の度数を加えてください。

牡羊座	0度
牡牛座	30度
双子座	60度
蟹　座	90度
獅子座	120度
乙女座	150度
天秤座	180度
蠍　座	210度
射手座	240度
山羊座	270度
水瓶座	300度
魚　座	330度

　例えば、度数が双子座25度10分の場合、360度表記では上記の表に従って双子座の60度を加え85度10分になります。

　次の表は、それぞれのネイタルチャートのサインの度数を360度表記に変更した例です。

【B男さん】

太　陽	2°♏34′ + 210° = 212° 34′
月	26°♓20′ + 330° = 356° 20′
水　星	21°♏14′ + 210° = 231° 14′
金　星	16°♏17′ + 210° = 226° 17′
火　星	14°♌9′ + 120° = 134° 9′
木　星	0°♐31′ + 240° = 240° 31′
土　星	21°♌19′ + 120° = 141° 19′
天王星	25°♊56′ + 60° = 85° 56′
海王星	11°♎21′ + 180° = 191° 21′
冥王星	14°♌51′ + 120° = 134° 51′
ドラゴンヘッド	23°♉33′ + 30° = 53° 33′
ドラゴンテイル	23°♏33′ + 210° = 233° 33′
ASC	19°♎53′ + 180° = 199° 53′
MC	22°♋ + 90° = 112°

【C子さん】

太　陽	25°♊10′ + 60° = 85° 10′
月	29°♐33′ + 240° = 269° 33′
水　星	17°♋22′ + 90° = 107° 22′
金　星	29°♋00′ + 90° = 119° 00′
火　星	4°♑57′ + 270° = 274° 57′
木　星	5°♋11 + 90° = 95° 11′
土　星	2°♏58′ + 210° = 212° 58′
天王星	21°♋35′ + 90° = 111° 35′
海王星	23°♎23′ + 180° = 203° 23′
冥王星	22°♌58′ + 120° = 142° 58′
ドラゴンヘッド	14°♑45′ + 270° = 284° 45′
ドラゴンテイル	14°♋45′ + 90° = 104° 45′
ASC	13°♋50′ + 90° = 103° 50′
MC	28°♓ + 330° = 358°

Step.2

　それぞれのネイタルチャートの同じ惑星の度数を足します。

　例えば、B男さんとC子さんの太陽、B男さんとC子さんの月、B男さんとC子さんの水星……というように、すべての惑星の度数を足し合わせます。そして、2で割ります。

　「2人の人物のミッドポイントを算出する時は、同じ惑星同士の度数を足し合わせる」と覚えておくとよいでしょう。

　例えば太陽の場合は、次のような計算になります。

① 212°34′+85°10′=297°44′
② 297°44′÷2=148°37′

Step.3

　ステップ1の表を参考にして、サインの度数に変換します。

148°37′ = 28°♌37′

Step.4

　ステップ2とステップ3から「近いミッドポイント」と「遠いミッドポイント」の情報を得ることができます。

　もし計算結果で「遠いミッドポイント」が出たら、ステップ3で反対側のサインに変換しましょう。

　次の表は二つのチャートのすべての要素を計算したものです。

	B男さん　　　　C子さん	コンポジット
太　陽	212° 34′ + 85° 10′= 297° 44′ ÷ 2 → 148° 37′	28°♌37′
月	356° 20′ + 269° 33′= 625° 53′ ÷ 2 → 312° 42′	12°♒42′
水　星	231° 14′ + 107° 22′= 338° 36′ ÷ 2 → 169° 18′	19°♍18′
金　星	226° 17′ + 119° 00′= 345° 17′ ÷ 2 → 172° 24′	22°♍24′
火　星	134° 9′ + 274° 57′= 408° 66′ ÷ 2 → 204° 33′	24°♎33′
木　星	240° 31′ + 95° 11′= 335° 42′ ÷ 2 → 167° 36′	17°♍36′
土　星	141° 19′ + 212° 58′= 353° 77′ ÷ 2 → 176° 54′	26°♍54′
天王星	85° 56′ + 111° 35′= 196° 41′ ÷ 2 → 98° 46′	8°♋46′
海王星	191° 21′ + 203° 23′= 394° 44′ ÷ 2 → 197° 22′	17°♎22′
冥王星	134° 51′ + 142° 58′= 276° 109′ ÷ 2 → 138° 55′	18°♌55′
ドラゴンヘッド	53° 33′ + 284° 45′= 337° 78′ ÷ 2 → 168° 54′	18°♍54′ → 18°♓54′
ドラゴンテイル	233° 33′ + 104° 45′= 337° 78′ ÷ 2 → 168° 54′	18°♍54′
ASC	199° 53′ + 103° 50′= 302° 103′ ÷ 2 → 151° 52′	1°♍52′
MC	112° + 358° = 470° ÷ 2 → 235°	25°♏→25°♉

　惑星同士の距離が150°以上離れたネイタルチャートの惑星は、近いミッドポイントを採用します。

　例えば、上の表では、B男さんとC子さんのコンポジットのMCとドラゴンヘッドのサインは、それぞれ150度以上離れています。このように、足し合わせる際に「遠いミッドポイント」が算出された場合は、下記のように反対側のサインに変換します。

ドラゴンヘッド：18°♍54′（遠いミッドポイント）→18°♓54′（近いミッドポイント）
MC：235°→25°♏（遠いミッドポイント）→25°♉（近いミッドポイント）

　次に、図4のように、惑星の位置をホロスコープシートに書き込みます。
　この図のリーディング例は「Ⅴ　リーディングケース」で解説します。

図4

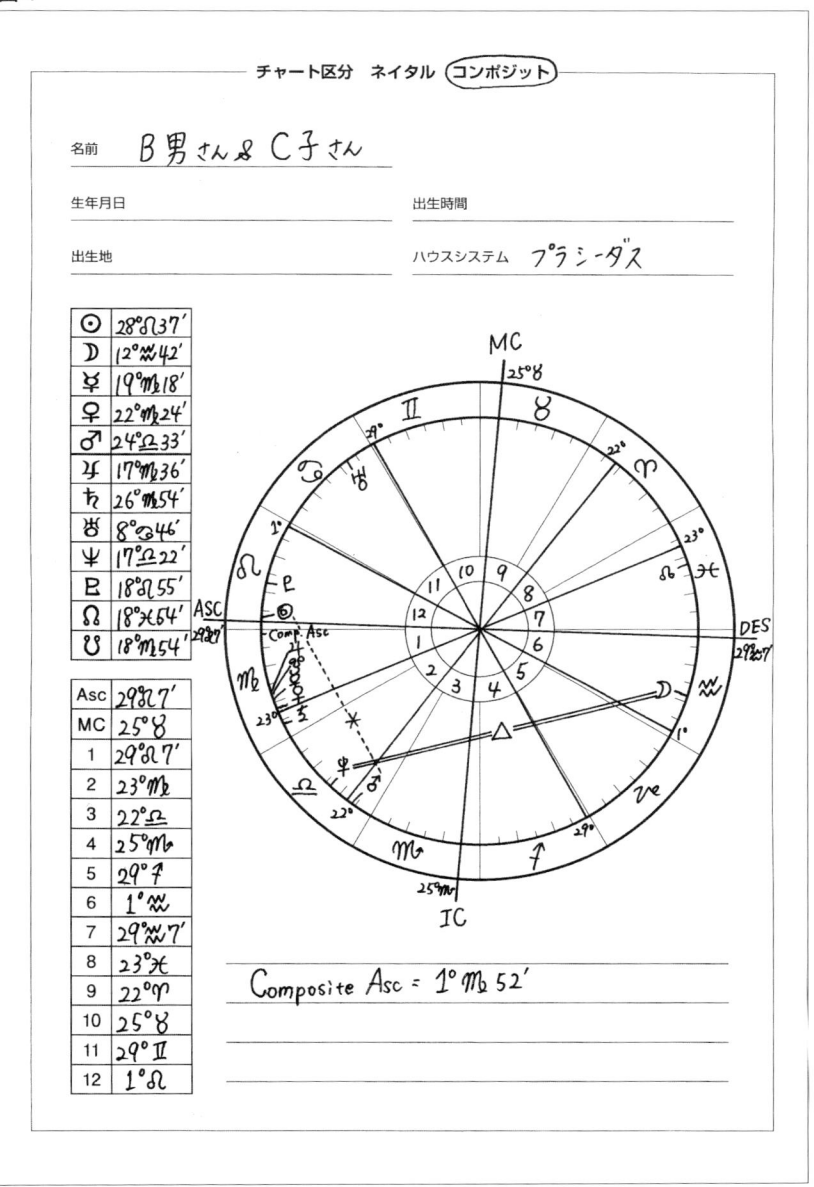

チャート区分　ネイタル　(コンポジット)

名前　**B男さん & C子さん**

生年月日　_____　出生時間　_____

出生地　_____　ハウスシステム　**プラシーダス**

☉	28°♌37'
☽	12°♒42'
☿	19°♏18'
♀	22°♏24'
♂	24°♎33'
♃	17°♏36'
♄	26°♏54'
♅	8°♋46'
♆	17°♎22'
♇	18°♌55'
☊	18°♓54'
☋	18°♍54'

Asc	29°♌7'
MC	25°♉
1	29°♌7'
2	23°♍
3	22°♎
4	25°♏
5	29°♐
6	1°♒
7	29°♒7'
8	23°♓
9	22°♈
10	25°♉
11	29°♊
12	1°♌

Composite Asc = 1°♏52'

Making a Composite Chart 3

コンポジットチャートのハウスを計算する

コンポジットの1ハウスのカスプは
コンポジットのASCとは違う点に注意すること

　ハウスの度数は惑星の度数とは違う方法で算出します。
　「コンポジットのアセンダント」は次にご紹介する方法で計算しますが、ハウスのカスプの計算には別の方法を使います。「コンポジットの1ハウスのカスプ」は「コンポジットのアセンダント」とは違うということを覚えておきましょう。
　二つのアセンダントのミッドポイントは、「コンポジットのアセンダント」としてコンポジットチャートの重要なポイントとして記載します。
　ちなみに、「コンポジットのアセンダント」とは二つのネイタルチャートのアセンダントの「近いミッドポイント」の位置に当たります。

ハウスカスプの計算方法

　まず、「10ハウスのカスプ」として「コンポジットチャートのMC」を採用します。そして、2人が住んでいる場所、もしくは2人の関係において重要な場所の緯度を使ってMC（＝10ハウス）のカスプを計算します。
　ハウスを作成する際は、それぞれ好きなハウスシステムを使ってください。
　本書ではプラシーダス法を採用しています。
　B男さんとC子さんの例を見ると、このカップルは現在、東京に住んでいます。既にMCは25°♉だとわかっているので、天文暦のプラシーダス式室項表（日本標準時）の「東京」のページからMC25°♉の項目を参照し、各ハウスカスプの度数を確認します。

他のハウスも同じような方法で計算します。

結果は次の通りです。

10 ハウス	25°♉
11 ハウス	29°♊
12 ハウス	1°♌
ASC	29°♌ 7′
2 ハウス	23°♍
3 ハウス	22°♎

　もし、コンポジットチャートの基準となる場所が東京以外の都市の場合は、天文暦の室項表に掲載されている6都市（札幌、仙台、東京、名古屋、大阪、福岡）から、2人が住んでいる場所、もしくは2人の関係において重要な場所に近い都市を選び、そこに記されている度数を使ってください。

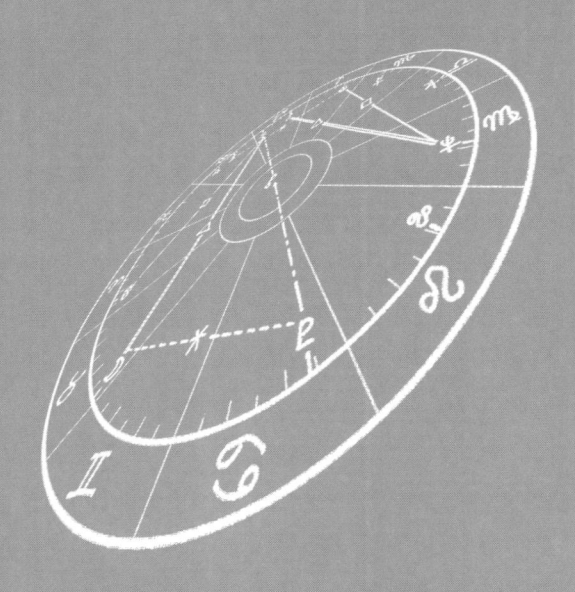

IV コンポジットチャートの読み方

Reading a Composite Chart 1

コンポジット独特のテクニック

コンポジットチャートのリーディングの特徴は
2人の人物の関係性を重点的に見ること

　コンポジットチャートの読み方は、標準的なネイタルチャートのリーディングに慣れている人なら、それほど難しいことではありません。

　唯一異なる部分は、ネイタルチャートのリーディングでは個人の運勢を重視するのに対し、コンポジットチャートのリーディングでは2人の人物の関係性を重点的に読むという点です。

　また、コンポジットチャートはチャートを読む際に特徴的なテクニックがあります。初めに、そのテクニックを説明していきます。

⬚1 外惑星を見る際の注意点

　外惑星（木星、土星、天王星、海王星、冥王星）に関しては、いくつか注意点があります。コンポジットチャートを見る際、外惑星と内惑星（太陽、月、水星、金星、火星）のアスペクトは重要です。ただ、外惑星同士のアスペクトがコンポジットチャートのリーディングにおいて大きな影響があるかといえば、疑問が残ります。

　なぜなら、特定の年齢のグループにおいては、外惑星同士のアスペクトは全く同じになるからです。そのため、外惑星同士がコンポジットチャートのアングル（ASC、MC、DES、IC）とコンジャンクションを形成する時のみ重点的に見るようにします。

　また、天王星、海王星、冥王星の間では、すべてのアスペクトが形成されるわ

けではありません。例えば、天王星と海王星のコンジャンクション、天王星と冥王星のコンジャンクション、トライン、オポジション、海王星と冥王星のアスペクト、これらは現代を生きる人物のコンポジットチャートでは起こりえない現象です。

2 マイナーアスペクト

　コンポジットチャートでのマイナーアスペクトの扱いに関しては、ネイタルチャートを読む際と同じでよいと思います。
　本書ではシンプルにメジャーアスペクトだけを取り上げ、その解説をします。

Reading a Composite Chart

2 コンポジットチャートの基本的な読み方

① 2人の出生時間がわかる場合（＝ハウスを確定できる場合）

Step.1 コンポジットチャートのリーディングに入る前に、まず二つのネイタルチャートと2重円チャートをじっくり見てみましょう。どのような人物に惹かれ、どのような人間関係を育むのかに注目しましょう。

Step.2 コンポジットチャートの中で、強い影響力のあるサインとハウスに注目します。特に、四つ以上の惑星が集中しているサインとハウスは要チェックです。

Step.3 コンポジットの太陽と月があるサインとハウス、太陽と月のアスペクトに注目します。

Step.4 コンポジットの金星と火星が入っているサインとハウス、金星と火星のアスペクトに注目します。

Step.5 人間関係を表す1ハウス、5ハウス、7ハウス、11ハウスに注目します。

Step.6 その他、コンポジットチャートで気になる点に注目します。

2 2人の出生時間がわからない場合（＝ハウスを確定できない場合）

Step.1 コンポジットチャートのリーディングに入る前に、まず二つのネイタルチャートと2重円チャートをじっくり見てみましょう。どのような人物に惹かれ、どのような人間関係を育むのかに注目しましょう。

Step.2 コンポジットチャートの中で、強い影響力のあるサインに注目します。特に、四つ以上の惑星が集中しているサインは要チェックです。

Step.3 コンポジットの太陽と月があるサイン、太陽と月のアスペクトに注目します。

Step.4 コンポジットの金星と火星が入っているサイン、金星と火星のアスペクトに注目します。

Step.5 その他、コンポジットチャートで気になる点に注目します。

③ 1人の出生時間がわかっていて、もう1人の出生時間がわからない場合

コンポジットチャートのハウスを確定できないので、基本的に②と同じです。

Step.1 コンポジットチャートのリーディングに入る前に、まず二つのネイタルチャートと2重円チャートをじっくり見てみましょう。どのような人物に惹かれ、どのような人間関係を育むのかに注目しましょう。

Step.2 コンポジットチャートの中で、強い影響力のあるサインに注目します。特に、四つ以上の惑星が集中しているサインは要チェックです。

Step.3 コンポジットの太陽と月があるサイン、太陽と月のアスペクトに注目します。

Step.4 コンポジットの金星と火星が入っているサイン、金星と火星のアスペクトに注目します。

Step.5 その他、コンポジットチャートで気になる点に注目します。

V リーディングケース

Reading Case 1

Case.1 2人の相性を見る場合
（出生時間がわかる場合）

　コンポジット占星術の基本ともいえる2人の相性について、これまで取り上げてきたケースでさらに深く読んでみましょう。

　本ケースのB男さんとC子さんは結婚34年目の夫婦です。

　B男さんはサラリーマンでC子さんは専業主婦。2人の子供がいます。2人とも京都出身で、お見合いで結婚しました。結婚3年目の頃、B男さんの仕事の関係で東京へ引越し、結婚13年目でB男さんが福岡へ単身赴任。その後10年間は別居状態が続きました。B男さんはその後東京に戻り、2人は今も一緒に暮らしています。

　リーディングの手順は64ページの通りです。

Step.1 　コンポジットチャートのリーディングに入る前に、まず二つのネイタルチャートと2重円チャートをじっくり見てみましょう。どのような人物に惹かれ、どのような人間関係を育むのかに注目しましょう。

Step.2 　コンポジットチャートの中で、強い影響力のあるサインとハウスに注目します。特に、四つ以上の惑星が集中しているサインとハウスは要チェックです。

Step.3 　コンポジットの太陽と月があるサインとハウス、太陽と月のアスペクトに注目します。

Step.4 　コンポジットの金星と火星が入っているサインとハウス、金星と火星のアスペクトに注目します。

Step.5 　人間関係を表す1ハウス、5ハウス、7ハウス、11ハウスに注目します。

Step.6 　その他、コンポジットチャートで気になる点に注目します。

チャート1

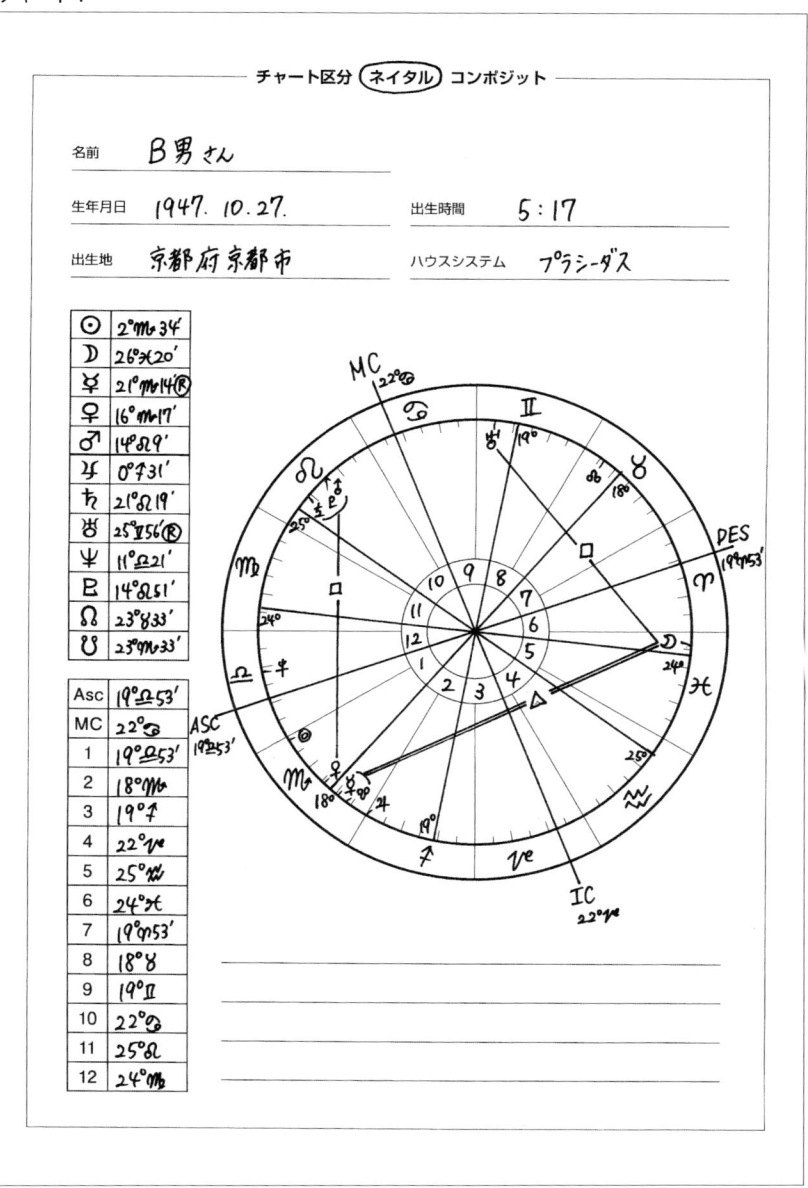

チャート区分 (ネイタル) コンポジット

名前　B男さん

生年月日　1947.10.27.　　出生時間　5:17

出生地　京都府京都市　　ハウスシステム　プラシーダス

☉	2°M,34'
☽	26°♓20'
☿	21°M,14'℞
♀	16°M,17'
♂	14°♌29'
♃	0°♐31'
♄	21°♌19'
♅	25°♊56'℞
♆	11°♎21'
♇	14°♌51'
☊	23°♉33'
☋	23°M,33'

Asc	19°♎53'
MC	22°♋
1	19°♎53'
2	18°M,
3	19°♐
4	22°♑
5	25°♒
6	24°♓
7	19°♈53'
8	18°♉
9	19°♊
10	22°♋
11	25°♌
12	24°M,

69

チャート2

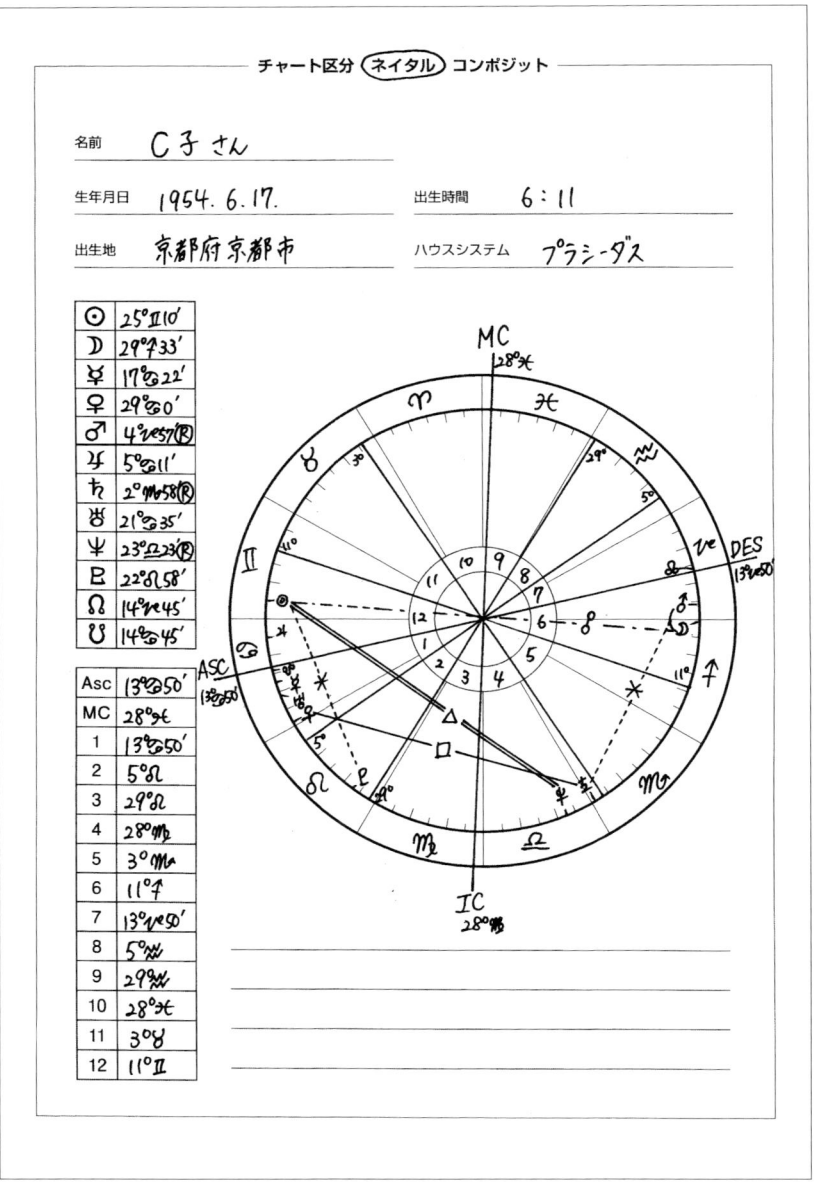

チャート区分 (ネイタル) コンポジット

名前　C子さん

生年月日　1954. 6. 17.　　出生時間　6：11

出生地　京都府京都市　　ハウスシステム　プラシーダス

☉	25°♊10'
☽	29°♐33'
☿	17°♊22'
♀	29°♉0'
♂	4°♐57'(R)
♃	5°♋11'
♄	2°♏58'(R)
♅	21°♋35'
♆	23°♎23'(R)
♇	22°♌58'
☊	14°♑45'
☋	14°♋45'

Asc	13°♋50'
MC	28°♓
1	13°♋50'
2	5°♌
3	29°♌
4	28°♍
5	3°♏
6	11°♐
7	13°♑50'
8	5°♒
9	29°♒
10	28°♓
11	3°♉
12	11°♊

チャート3

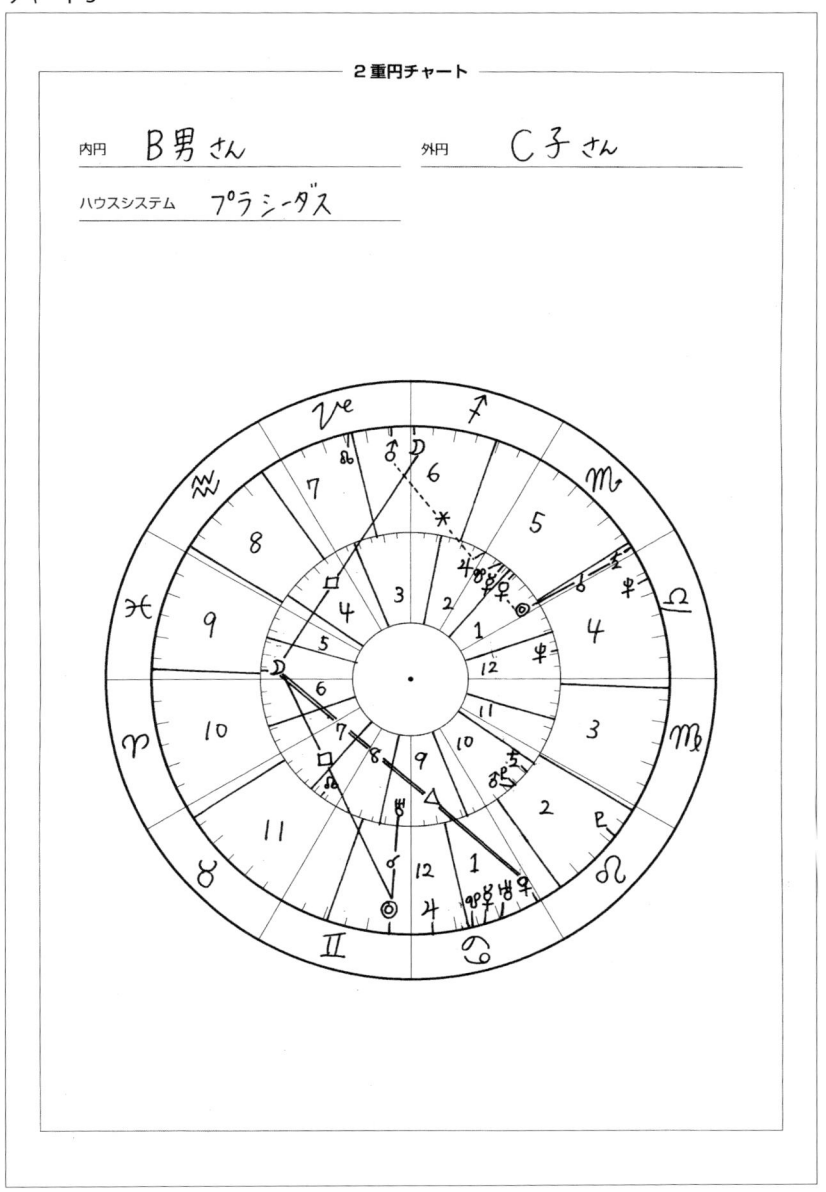

── 2重円チャート ──

内円 B男 さん　　　外円 C子 さん

ハウスシステム　プラシーダス

Ⅴ リーディングケース

チャート4

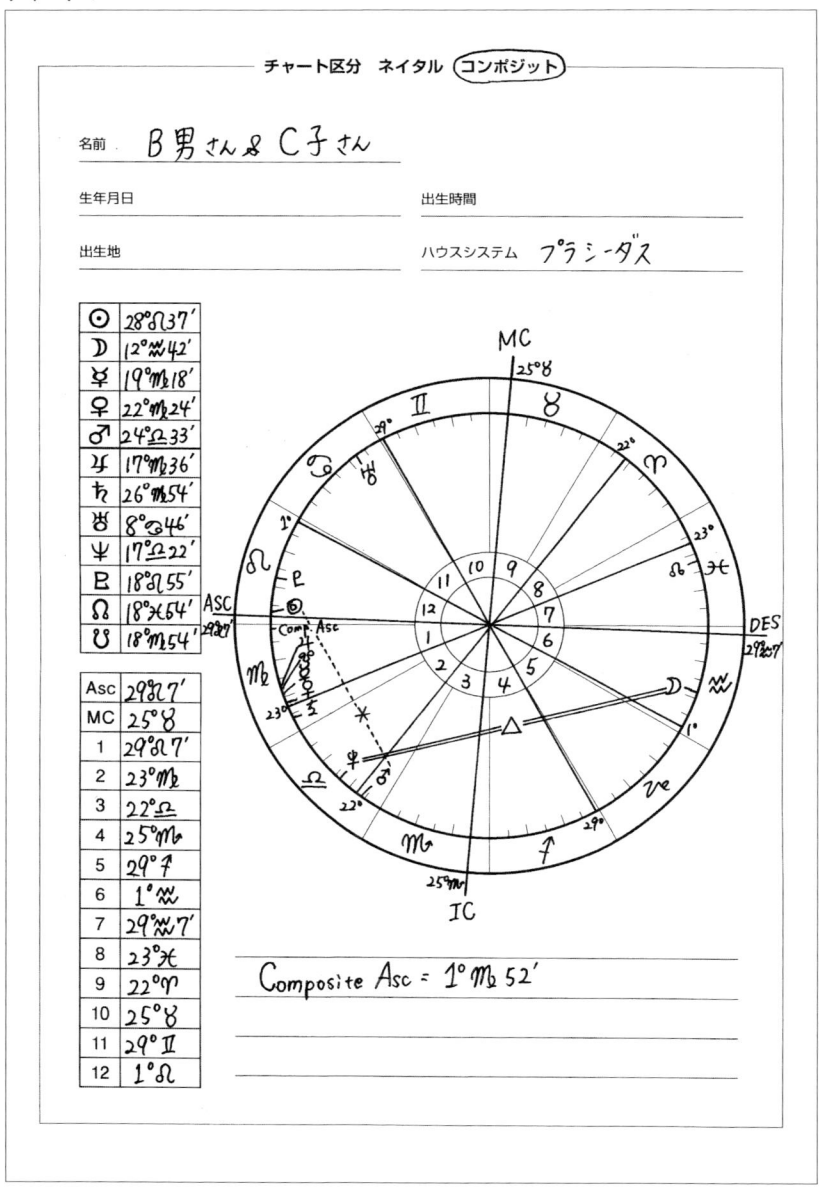

チャート区分　ネイタル　(コンポジット)

名前　B男さん & C子さん

生年月日

出生時間

出生地

ハウスシステム　プラシーダス

☉	28°♌37'
☽	12°♒42'
☿	19°♏18'
♀	22°♏24'
♂	24°♎33'
♃	17°♏36'
♄	26°♏54'
♅	8°♋46'
♆	17°♎22'
♇	18°♌55'
☊	18°♓54'
☋	18°♍54'

Asc	29°♌7'
MC	25°♉
1	29°♌7'
2	23°♍
3	22°♎
4	25°♏
5	29°♐
6	1°♒
7	29°♒7'
8	23°♓
9	22°♈
10	25°♉
11	29°♊
12	1°♌

Composite Asc = 1°♏52'

Step.1

　2人の人物のネイタルチャートと2重円チャートを入念にリーディングし、どのような結婚生活を送るのか見てみましょう。

　まず、夫B男さんのネイタルチャート（チャート1）を見ると、結婚生活において重要な5ハウスと7ハウスがともに空っぽであることがわかります。これは、B男さんが恋愛や結婚にあまり興味がないか、パートナーとなる女性との縁が薄いことを示唆しています。

　また、5ハウスのルーラーである天王星が魚座の月とスクエアです。既婚男性のネイタルチャートの月は「妻」を表します。魚座の月は、B男さんが献身的で優しい妻を理想としていることがわかりますが、そのアスペクトは天王星とスクエアなので、実際の妻との関係は変化や刺激が多いことが予想されます。

　さらに、7ハウスのルーラーである火星は冥王星とコンジャンクションです。火星と冥王星、ともにアグレッシブな影響力を持つ惑星であり、しかも火のサインである獅子座にあるため、結婚生活においてケンカが絶えない暗示があります。

　上記の要素を合わせて考えると、B男さんの結婚生活は変化が多く、ハードなものになるだろう、ということがわかります。

　B男さんの理想的なパートナーのイメージを示す月と金星に注目してみると、月は魚座の6ハウスで天王星とスクエア、金星は蠍座の1ハウスで火星、冥王星、土星とスクエアです。月の解釈は前述したので割愛するとして、1ハウスの蠍座の金星からはB男さんが女性との間に深く濃い愛情の共有を求めていることがわかります。ただ、スクエアが多いので、それがなかなか上手くいかないようです。

　B男さんは月と金星、ともに水のエレメントにあるため、恋愛や結婚にロマンティックな要素を求める傾向があります。ただ、天王星や土星とのアスペクトがあるため、理想と現実のギャップが大きく、ジレンマを感じることも多いでしょう。

　次に、妻C子さんのネイタルチャート（チャート2）を見ると、B男さんと同じく、結婚生活において重要な5ハウスと7ハウスがともに空っぽです。

　5ハウスのルーラーである冥王星は双子座の太陽とセクスタイルです。

　既婚女性のネイタルチャートの太陽は「夫」を表します。双子座の太陽は、C

子さんが快活で楽しい夫を理想としていることがわかります。ただ、そのアスペクトは冥王星とセクスタイルなので、夫婦関係はまずまず楽しくにぎやかである一方、突発的な変化が起こることも予想されます。

さらに、7ハウスのルーラーである土星は、それぞれ月・火星とセクスタイル、金星とスクエアです。月と金星は女性にとって特に重要な惑星です。

C子さんの場合、土星と射手座の月のセクスタイルは、結婚生活がプライベートな生活を安定させると同時に、自由を制限するものであることを暗示しています。

また、土星と蟹座の金星のスクエアは、C子さんが情熱的な恋愛よりも、手堅い結婚を優先する傾向にあることを表しています。

C子さんの双子座の太陽と射手座の月は真反対にあり、オポジションのアスペクトを作っています。これは、自分とは相反するタイプの人物を人生のパートナーに選ぶことを示唆しています。

さらに、B男さんとC子さんのネイタルチャートを重ね合わせてみると（チャート3）、注目したいポイントが二つあります。

一つ目のポイントは、C子さんのネイタルチャートの双子座の太陽とB男さんのネイタルチャートの天王星がピッタリ重なり、コンジャンクションしている点です。太陽はホロスコープの中でも人生やアイデンティティーを司る重要な惑星なので、ここに天王星が乗っかると、人生そのものを大きく変化させる影響力が加わります。C子さんにとって、B男さんとの結婚はそれ自体が大きな事件だということもできますし、B男さんと一緒にいることで変化の多い人生になるという見方もできます。

二つ目のポイントは、B男さんのネイタルチャートの蠍座の太陽に、C子さんのネイタルチャートの土星がピッタリ重なり、コンジャンクションしている点です。土星はしっかり地固めする作用を持つと同時に、制限や抑圧の作用がある惑星です。妻であるC子さんはB男さんにとって、手堅い人生に導いてくれる存在である一方、ときには可能性を制限し、プレッシャーをかけてくる存在であることを示しています。

カップルのネイタルチャートの惑星同士がアスペクトすることは自然なことですが、このB男さんとC子さんのように、お互いの太陽の真上に相手の外惑星が

コンジャンクションしている、ということはとても珍しい現象です。

　これらのアスペクトが及ぼす影響の良し悪しはさておき、これだけでも2人が結婚に至るだけの運命的な要素があることがわかります。

Step.2

　B男さんとC子さんのコンポジットチャート（チャート4）の中で、強い影響力のあるサインとハウスに注目しましょう。

　パッと見ただけで、乙女座と1ハウスに惑星が集中していることがわかります。具体的にはコンポジットのアセンダント、ドラゴンテイル、木星、水星、金星が乙女座にあり、1ハウスに並んでいます。

　コンポジットの1ハウスは2人の関係におけるペルソナ（仮面）であり、外からこの2人がどのように見られているかという第一印象を示す場所です。実際の夫婦関係がどうであるかは別として、この夫婦が周囲にどのような印象を与えるかということです。B男さんとC子さん夫婦の場合は1ハウスのカスプが獅子座にありますが、コンポジットのアセンダントを含む五つの惑星が乙女座に集中していることから、周囲に与える印象は乙女座的な要素が強いと考えることができます。

　乙女座は柔軟宮の地のエレメントに当たるサインで、きちんとしていて真面目な特性があります。そのため、B男さんとC子さんのカップルは、周囲にもそのような印象を与え、夫婦としての好感度も高いのではないかと推測できます。

Step.3

　コンポジットの太陽と月があるサインとハウスに注目します。

　B男さんとC子さんのコンポジットチャートでは、太陽が12ハウスの獅子座、月が6ハウスの水瓶座にあります。獅子座はとても明るく華やかで社交的ですが、12ハウスは「隠れた場所」を示します。ここで、ハウスとサインに大きなギャップがあることがわかります。

　夫婦関係は堂々たる獅子座の影響力で明るくオープンな雰囲気ですが、12ハ

ウスとなるとその影響力が弱くなる傾向もあります。12ハウスの太陽は、夫婦関係が実態のないものになったり、夫婦生活が影に隠れたものになったりする暗示もあります。

　ただ、B男さんとC子さん夫婦の場合、コンポジットチャートのアセンダントは29°♌にあるため、コンポジットの太陽（28°♌37′）は限りなく1ハウスに近い12ハウスにあるといえます。そのため、そこまで12ハウスの特徴をネガティブに考える必要はないでしょう。

　水瓶座の月は、夫婦の私生活が一般常識には当てはまらない、少し特殊な関係になる可能性を示唆しています。

　一方、6ハウスは管理力やメンテナンス力が発揮される場所なので、夫婦関係がめちゃくちゃになるおそれはないでしょう。「夫婦」というユニットを逸脱しない程度で、面白い関係性になることを示唆しています。

　次に、コンポジットの太陽と月のアスペクトに注目します。

　B男さんとC子さんのコンポジットチャートでは、太陽（獅子座・12ハウス）は火星とセクスタイルです。また、月（水瓶座・6ハウス）は海王星とトラインです。

　太陽と火星のセクスタイルは2人の関係に大きなエネルギーを注ぎます。2人が一緒にいることで、大胆で活発に動くことができるようになります。それぞれ別に行動するよりも、夫婦で一緒に取り組んだ方が、物事がスムーズに捗ります。一緒に何かスポーツを楽しむのもよいでしょう。

　月と海王星のトラインを持つカップルは理想が大きくなり、2人の魂がつながっていることを重視します。どちらか一方が何かアクションを起こす場合、パートナーが共感できるかどうかがポイントになってきます。

　コンポジットの月は夫婦のプライベートな領域を司ります。月にトラインがある場合は、衣食住のフィーリングが合うことを意識すると円満な関係を築けるでしょう。

Step.4

　コンポジットの金星と火星が入っているサインとハウス、金星と火星のアスペクトに注目します。

　B男さんとC子さんの夫婦は、金星が1ハウスの乙女座、火星が3ハウスの天秤座にあり、両者にアスペクトはありません。乙女座は柔軟宮の地のエレメント、天秤座は活動宮の風のエレメントです。特別に上手くいく関係ではありませんが、特に問題もありません。

　次に、人間関係を表す1ハウス、5ハウス、7ハウス、11ハウスに注目します。

　B男さんC子さん夫婦のコンポジットチャートでは、1ハウスに五つの惑星が集中し、5ハウスは空っぽ、7ハウスにはドラゴンヘッド、11ハウスには天王星が入っています。

　1ハウスのカスプであるアセンダント（29°♌7′）の付近には、前述したように太陽（28°♌37′）があります。コンポジットのアセンダントと太陽のコンジャンクションは、B男さんとC子さん夫婦が周囲に大きな影響力を持っていることを示します。2人が特に意識していなくても、周囲の人達は自然とB男さんC子さん夫婦に注目してしまう、そんなイメージです。

　B男さんとC子さん、それぞれが単独で行動する場合よりも、夫婦で行動する時の方が目立ちます。それだけ影響力が大きいので、必要以上に周囲を刺激することがあるということを気に留めておく必要があるでしょう。

　5ハウスに関しては「惑星が一つも入っていないこと」に意味がありそうです。5ハウスには「子供」という意味もあるので、このカップルは子供にあまり縁がない可能性があります。それは、子宝に恵まれにくいということに限らず、何らかの事情で子供と一緒に暮らせない、子供と過ごす時間が少ない、というケースが考えられます。

　7ハウスのドラゴンヘッドは、夫婦関係に大きな力が働くことを示唆しています。ドラゴンヘッドは「今世で達成したい目標」など、宿命的な意味合いを持つポイントです。B男さんとC子さんは、夫婦で人生での重大テーマに立ち向かうという局面を経験するかもしれません。

11ハウスの天王星は、2人を取り巻く環境や人間関係が常に変化することを暗示しています。天王星は革新的な惑星で、「ハプニング」や「サプライズ」というキーワードがあります。11ハウスは社会的な人とのつながりやネットワークを示す場所なので、B男さんとC子さんは夫婦で行動することで、刺激的な人間関係を経験することができるでしょう。

Step.6

その他、コンポジットチャートで気になる点に注目します。

B男さんとC子さんのネイタルチャートを単独で見ると、2人とも4エレメントの中で水の要素が突出して多いことがわかります。

一方、2人のコンポジットチャートとなると、水の代わりに地のエレメントの割合が増えます。

一概に善し悪しを指摘することはできませんが、B男さんとC子さんは結婚することで、地のエレメントが象徴する現実感覚を養うことができ、単独でいる時よりも地に足の着いた生活ができるようになったと考えられます。

また、ステップ1〜5でも繰り返し出てきたように、2人のコンポジットチャートは1ハウスと乙女座に惑星が集中し、空っぽのハウスが12のうち五つもあるという特殊な状況です。

ネイタルチャートの1ハウスは個人やアイデンティティーを示す場所ですが、2人の関係性で1ハウスが強調されている場合は、2人だけの世界、夫婦だけにしかわからない特別な環境が出来上がっているという解釈もできます。

確かに偏りはありますが、2人で主体的に夫婦生活を続けていけるという点では、強い力を持っているチャートです。

Reading Case 2

Case.2 ビジネスパートナー同士の相性
（出生時間がわかる場合）

　D子さんと友人のE美さんはビジネスパートナーです。2012年12月に2人で美容関連の会社を設立し、D子さんは販売とプロモーション、E美さんは財務と管理を担当しています。ネット通販事業を軸にコンサルティング事業も行う予定で、将来は海外への販売展開も視野に入れています。

　2人はもともとアメリカ在住時代のルームメイトで、当時3年程一緒に暮らしていました。

コンポジットチャートリーディングの手順

基本的には64ページで説明した①2人の出生時間がわかる場合（＝ハウスを確定できる場合）の手順でリーディングを行います。ただ、ビジネスの相性を見る場合は、仕事運を司る「太陽」と「水星」に注目します。具体的には、ステップ4の「金星と火星」を「太陽と水星」に置き換え、「コンポジットの太陽と水星が入っているサイン、太陽と水星のアスペクト」を重点的に見るようにします。

Step.1 コンポジットチャートのリーディングに入る前に、まず二つのネイタルチャートと2重円チャートをじっくり見てみましょう。どのような人物に惹かれ、どのような人間関係を育むのかに注目しましょう。

Step.2 コンポジットチャートの中で、強い影響力のあるサインとハウスに注目します。特に、四つ以上の惑星が集中しているサインとハウスは要チェックです。

Step.3 コンポジットの太陽と月があるサインとハウス、太陽と月のアスペクトに注目します。

Step.4 コンポジットの太陽と水星が入っているサインとハウス、太陽と水星のアスペクトに注目します。

Step.5 人間関係を表す1ハウス、5ハウス、7ハウス、11ハウスに注目します。

Step.6 その他、コンポジットチャートで気になる点に注目します。

Step.1

まず2人のネイタルチャートを見てみましょう。

チャート5

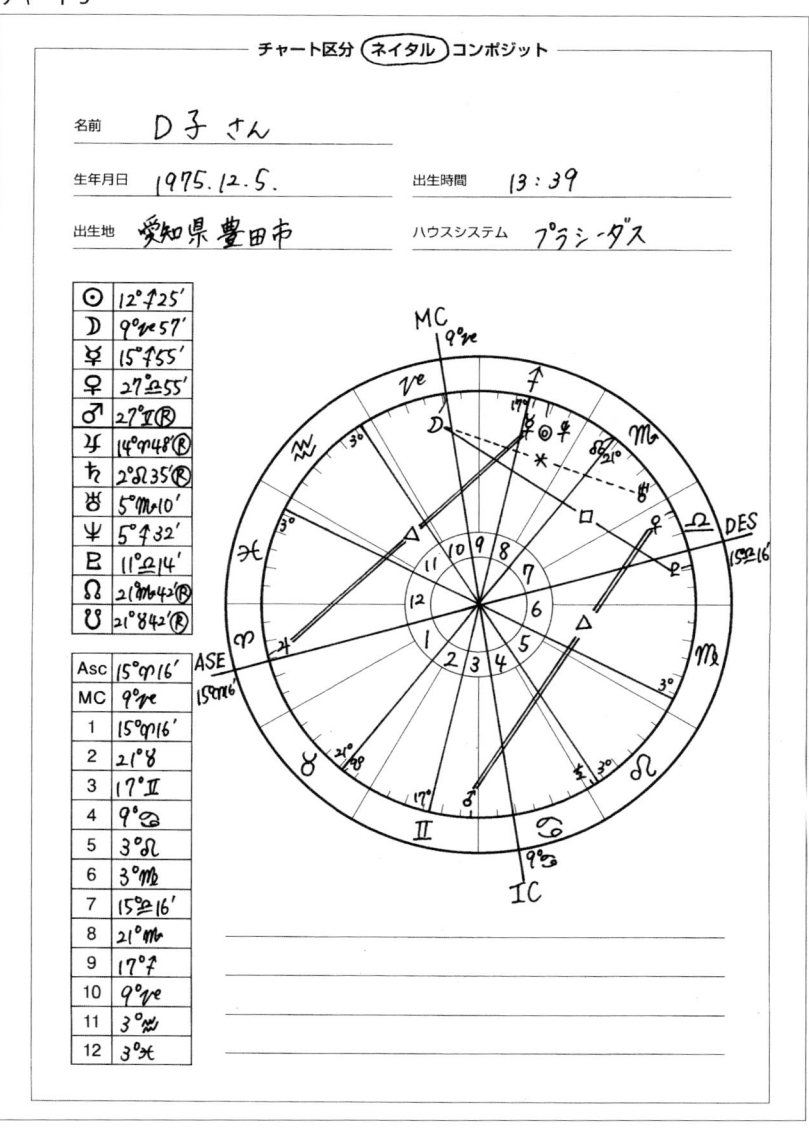

チャート区分	(ネイタル) コンポジット

名前	D子 さん
生年月日	1975.12.5.
出生時間	13:39
出生地	愛知県豊田市
ハウスシステム	プラシーダス

☉	12°♐25'
☽	9°♈57'
☿	15°♐55'
♀	27°♎55'
♂	27°♊(R)
♃	14°♈48'(R)
♄	2°♌35'(R)
♅	5°♏10'
♆	5°♐32'
♇	11°♎14'
☊	21°♍42'
☋	21°♓42'(R)

Asc	15°♍16'
MC	9°♋
1	15°♍16'
2	21°♎
3	17°♏
4	9°♐
5	3°♒
6	3°♓
7	15°♈16'
8	21°♈
9	17°♉
10	9°♋
11	3°♌
12	3°♍

81

D子さんのネイタルチャート（チャート5）を見ると、主要な5惑星のアスペクトが多いことに気づきます。射手座の太陽は水星とコンジャンクションかつ牡羊座の木星とトラインで、「これ！」と決めた仕事に邁進するパワーの持ち主です。

　天秤座の金星は双子座の火星とトラインで、バランスの良い美的センスを発揮できそうです。美容関係の仕事にピッタリの惑星配置です。

　一方、山羊座の月は天秤座の冥王星とスクエア、蠍座の天王星とセクスタイルで、D子さんがプライベートを犠牲にする傾向があることを示しています。特に、太陽と水星がコンジャンクションなので、ワーカホリックになりがちです。

　また、パートナーシップを見る際に重要な7ハウスのルーラーである金星は天秤座に位置し、ドミサイル（惑星がルーラーとなるサインにある状態のこと）となっています。このことから、D子さんはもともと明るく楽しいパートナーに恵まれやすいことがわかります。

　金星は愛と美を司るフェミニンな惑星なので、女性のパートナーと一緒に何かをするとスムーズにいくことを示しています。美容関係の仕事で女性のビジネスパートナーを選んだことは、良い選択だったといえるでしょう。

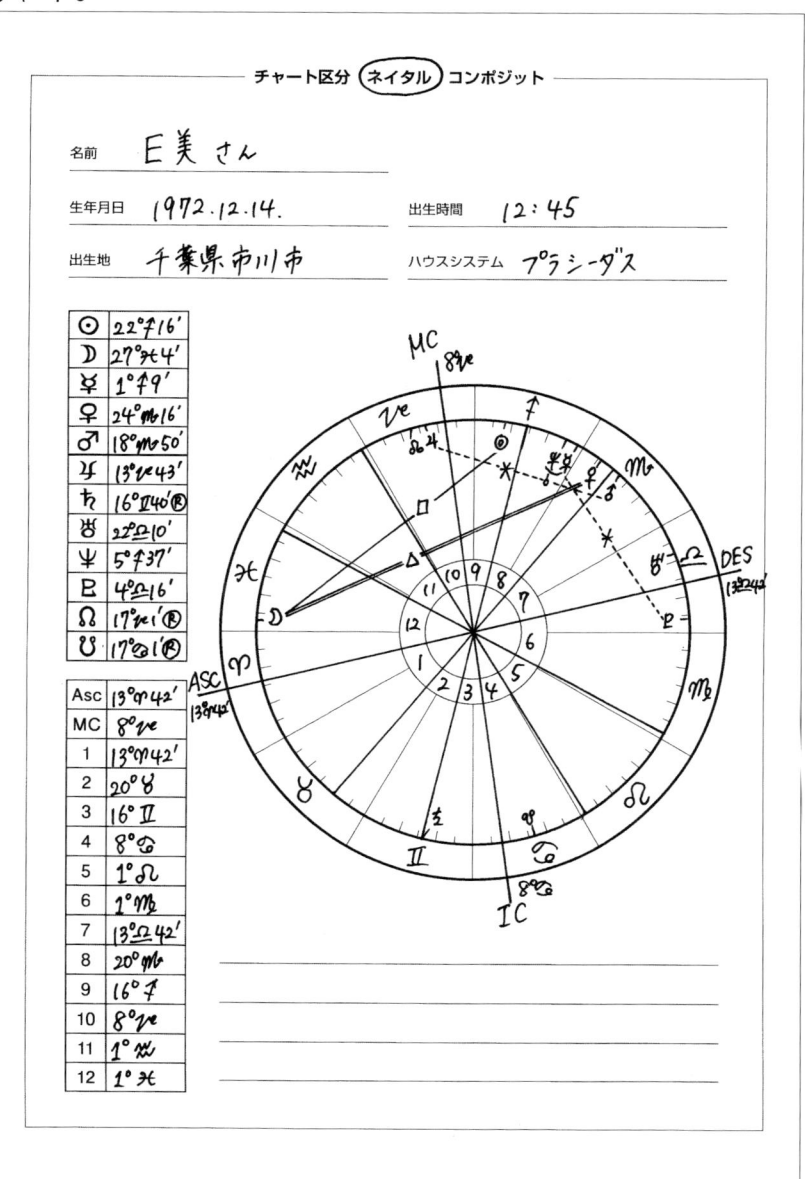

チャート6

チャート区分 (ネイタル) コンポジット

名前　E美さん

生年月日　1972.12.14.　　出生時間　12:45

出生地　千葉県市川市　　ハウスシステム　プラシーダス

☉	22°♐16'
☽	27°♓4'
☿	1°♐9'
♀	24°♏16'
♂	18°♍50'
♃	13°♑43'
♄	16°♊40'(R)
♅	22°♎10'
♆	5°♐37'
♇	4°♎16'
☊	17°♑1'(R)
☋	17°♋1'(R)

Asc	13°♈42'
MC	8°♑
1	13°♈42'
2	20°♉
3	16°♊
4	8°♋
5	1°♌
6	1°♍
7	13°♎42'
8	20°♏
9	16°♐
10	8°♑
11	1°♒
12	1°♓

E美さんのネイタルチャート（チャート6）で特徴的なアスペクトは、射手座の太陽と魚座の月がスクエア、金星と火星が蠍座で広いオーブのコンジャンクション、そして月と金星のトラインです。射手座の探究心と魚座の想像力を発揮して素晴らしい仕事を成し遂げることができそうです。

　ただ、太陽と月が柔軟宮のスクエアで、水のエレメントの影響も強いので、気分屋なところもあるでしょう。

　パートナーシップを見る際に重要な7ハウスは空っぽですが、そのルーラーである金星は前述の通り火星とコンジャンクションです。そのため、パートナーとの関係が薄いというより、むしろその結びつきは強い方だといえます。

チャート7

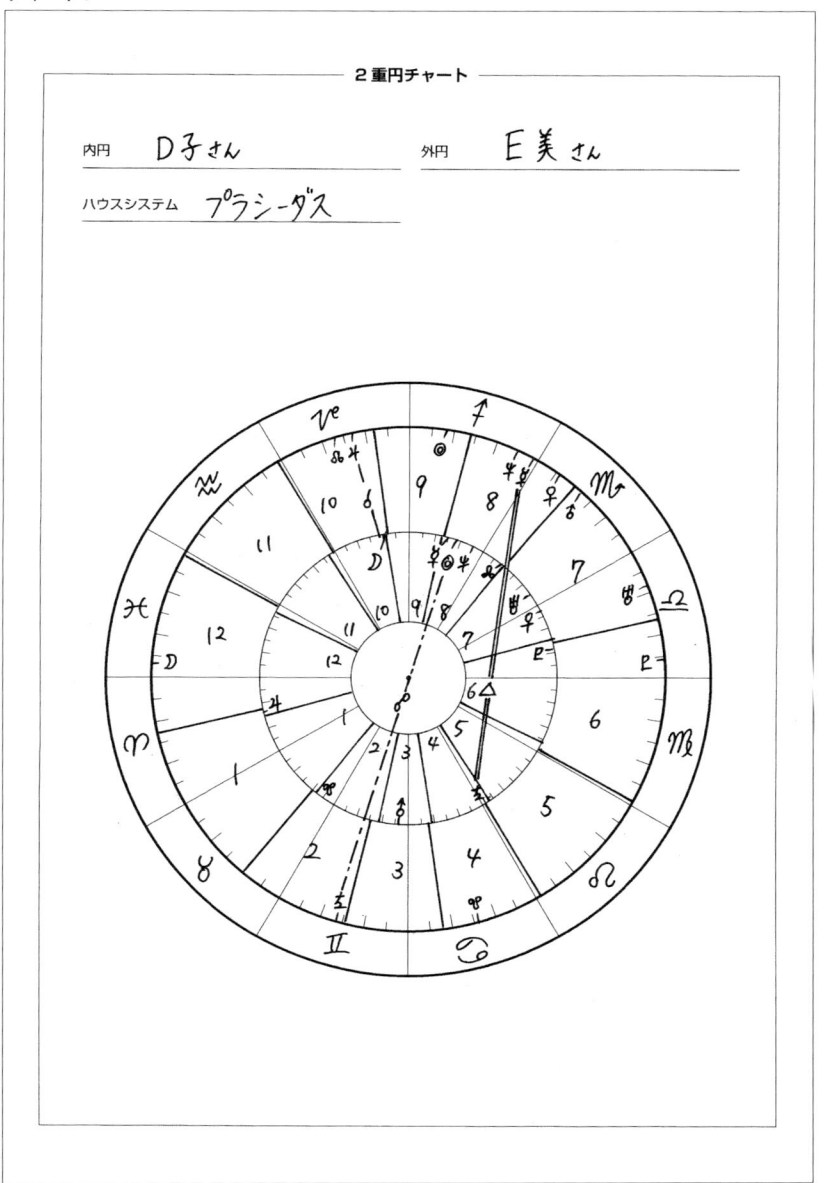

――― 2重円チャート ―――

内円　D子さん　　　外円　E美さん

ハウスシステム　プラシーダス

2人のネイタルチャートを重ね合わせた2重円チャート（チャート7）から、2人の関係性を見てみましょう。注目したいのは、D子さんとE美さん、2人とも太陽と水星が射手座にあるという点です。太陽と水星のコンジャンクションは珍しい現象ではありません。ただ、ビジネスパートナー同士の関係性を考える上で、人生全体を司る重要な惑星である太陽と、仕事運を司る水星がすべて同じサインにあるということは、大きな意味を持っています。

　射手座は柔軟宮かつ火のエレメントのサインで、ストレート、快活、自由、冒険、スポーティーなど、明るくポジティブなキーワードがあります。さらに、専門性、向学心、異文化なども表し、外国とも縁の深いサインなので、かつてアメリカで共同生活を送っていたD子さんとE美さんがビジネスでタッグを組むことは自然な展開だといえるでしょう。

　さらに、2人の関係を見る上で重要なポイントが二つあります。

　一つ目は、D子さんの獅子座の土星とE美さんの射手座の水星がトラインであることです。D子さんのネイタルチャートでは同じく水星がありますが、角度が離れているためトラインにはなっていません。ところが、E美さんの射手座の水星とは120度の角度を作っています。太陽と水星が射手座のコンビで仕事をすると、勢いよく意気揚々とビジネスに取り組める反面、つい暴走してしまう懸念があります。そこで、D子さんの土星がストッパーとなってE美さんの射手座の水星を上手く抑えることができれば、2人一緒に暴走する心配はなくなるでしょう。

　二つ目は、E美さんの山羊座の木星とD子さんの山羊座の月がコンジャンクションであることです。月はプライベートな側面を司っているので、ビジネス上の相性を考える場合はそれほど重要ではありません。ただ、月は女性にとって特に大事な惑星です。しかも、今回はもともと友人同士の2人がビジネスパートナーになったという背景があるので、このアスペクトは見逃せません。

　D子さんはもともと山羊座の月に冥王星と天王星がアスペクトしており、プライベートで変化や困難が多い傾向があります。自由な時間を仕事や勉強に当てることも多く、リラックスするのが苦手なようです。E美さんの木星は、そんなD子さんの緊張感を和らげてくれます。そのため、この2人は公私の線引きをハッキリするよりも、すべてひっくるめて付き合っていく方が上手くいく関係だといえるでしょう。

Step.2

チャート 8

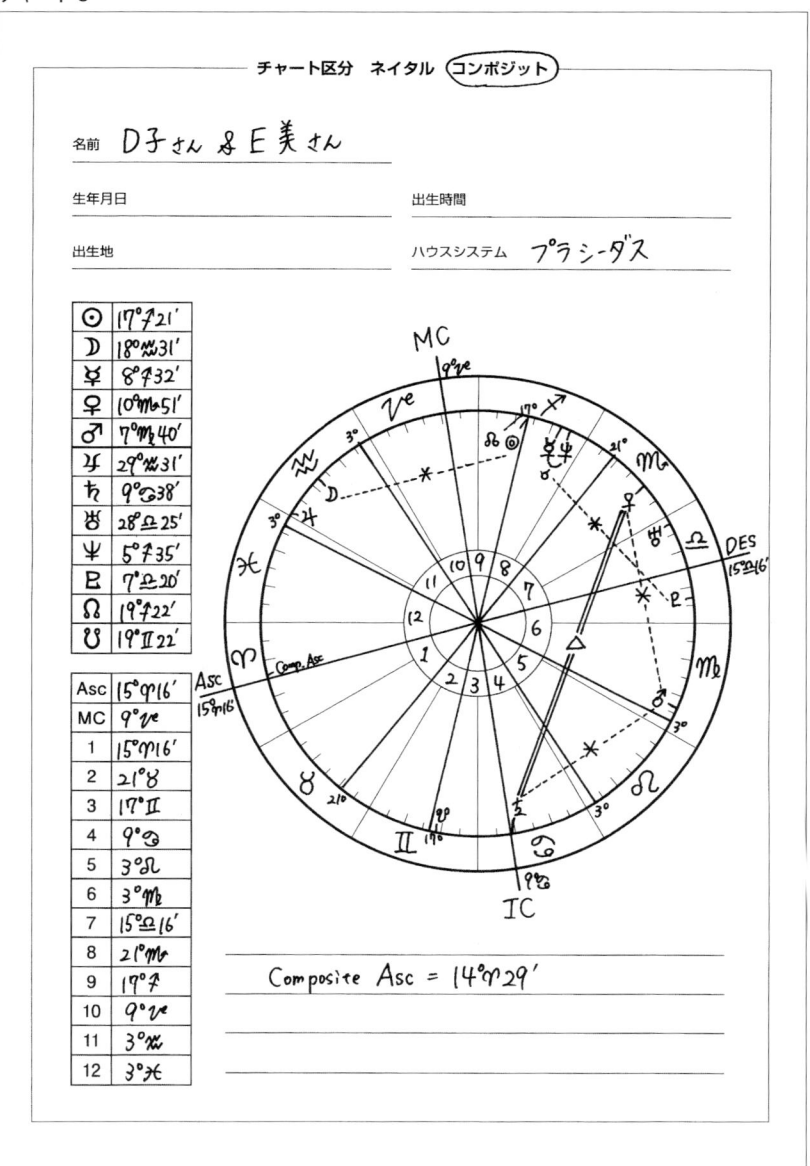

チャート区分　ネイタル　(コンポジット)

名前　D子さん ＆ E美さん

生年月日　　　　　　　　　　　出生時間

出生地　　　　　　　　　　　　ハウスシステム　プラシーダス

☉	17°♐21'
☽	18°♒31'
☿	8°♐32'
♀	10°♏51'
♂	7°♏40'
♃	29°♒31'
♄	9°♋38'
♅	28°♎25'
♆	5°♐35'
♇	7°♎20'
☊	19°♐22'
☋	19°♊22'

Asc	15°♈16'
MC	9°♑
1	15°♈16'
2	21°♉
3	17°♊
4	9°♋
5	3°♌
6	3°♍
7	15°♎16'
8	21°♏
9	17°♐
10	9°♑
11	3°♒
12	3°♓

Composite Asc = 14°♈29'

ここからは、D子さんとE美さんのコンポジットチャート（チャート8）を見ていきます。まず、コンポジットチャートの中で強い影響力のあるサインとハウスに注目してみましょう。この場合、ハウス算出の基準となる場所は「東京」として計算しています。

D子さんとE美さんのコンポジットチャートでは、射手座に太陽、水星、海王星、ドラゴンヘッドの四つが集中しています。特定のハウスへの集中はなく、散らばった配置となっています。

射手座の太陽を持つD子さんとE美さんは、一緒にいることであらゆる出来事を広い視野で見ることができる理想的な関係です。2人が今取り組んでいる企画を実現しても、それは次のステップへ進む過程でしかありません。新しい情熱の火を燃やして、また別の目標を掲げるでしょう。

もし厳しい出来事があったとしても、2人はそれをより良い選択をするためのキッカケとしてとらえ、事前にトラブルを回避することができます。

D子さんとE美さんは一緒にいることで気分が高まり、お互いに鼓舞し合える関係です。どちらか一方が落ち込んでいる時に、パートナーのありがたみを感じることができるでしょう。

また、2人が一緒に動くことで、周囲の人を勇気づけることもできます。物事のポジティブな側面に注目するので、困難を抱えている人達の気持ちを和らげ、励ますことができるでしょう。

一方、その楽天的なコンビネーションが災いすると、2人の間に違和感が生じた時に適当な理由をつけて流してしまい、余計に混乱する傾向があります。そのような時は事態を楽観視せず、まずは個々に課題と向き合うことが必須です。そして、それぞれが出した結論を2人で持ち寄って話し合った上で、「何も難しいことはない」ということを確認するとよいでしょう。

Step.3

　コンポジットの太陽と月があるサインとハウス、太陽と月のアスペクトに注目します。

　D子さんとE美さんのコンポジットチャートでは、太陽は射手座の9ハウスにあり、水瓶座の月とセクスタイルです。射手座の太陽は前述のように、おおらかでポジティブなパワーを発揮する理想的な関係を示しています。そして、9ハウスは射手座のホームポジションなので、射手座の太陽はいっそういきいきと輝き、そのパワーを力強く発揮します。これはD子さんとE美さんが一緒に活動することで、よりプロフェッショナルな意識が高まり、仕事に全精力を注げる関係だということを示しています。

　月は水瓶座の11ハウスにあり、太陽とセクスタイルです。水瓶座の月は、D子さんとE美さんがとてもネットワーキング力の高いペアだということを示しています。しかも、11ハウスは水瓶座のホームポジションなので、いっそうその特性が強く出ます。2人が一緒にいるとアイデアがどんどん湧いてきて、賛同者や応援者もたくさん集まってきます。周囲の友人や仲間を巻き込みつつ、どんどん輪を広げていくことができるでしょう。さらに、太陽とのアスペクトがあるので、よりオープンにビジネスを発展させることもできます。

　また、将来は海外進出も視野に入れているとのことですが、射手座には「外国」、水瓶座には「無国籍」、というキーワードがそれぞれあります。そのため、2人のコンポジットチャートの太陽と月は理想的な配置といえるでしょう。

　ただ、勢いまかせでどんどんビジネスを広げていくと、2人だけでは手に負えないような展開になるおそれもあります。D子さんとE美さんが一緒にいると「より高く、より広く」という意識が強くなりますが、逆に足元が不安定になる傾向があります。ビジネスを拡大することばかりに気を取られて、基盤が揺らぎがちです。目標を高く掲げると同時に、長期的な事業計画や資金繰りなどに留意して、ビジネスの基盤をしっかり固めることが成功の秘訣です。

Step.4

コンポジットの太陽と水星が入っているサインとハウス、太陽と水星のアスペクトに注目します。

太陽はステップ3で解説しましたので、ここでは主に「太陽と水星の関係性」を重点的に見ていきます。太陽と水星は共に同じ射手座にあります。コンジャンクションはしておらず、異なるハウスにあります（太陽は9ハウス、水星は8ハウス）。

太陽と水星が重なっているとワーカホリックになりやすいと言われていますが、D子さんとE美さんが一緒にいる時は、その心配はなさそうです。

9ハウスにある射手座の太陽からは、2人の仕事にかける情熱やエネルギーが相当なものだということが伝わってきます。また、水星は冥王星とセクスタイルのため仕事の踏ん張りが利きそうですが、海王星とコンジャンクションの作用によって「仕事一筋！」という緊張感は緩和されます。

Step.5

D子さんとE美さんのコンポジットチャートで、人間関係を表す1ハウス、5ハウス、7ハウス、11ハウスに注目します。

まず、1ハウスのカスプは牡羊座で、惑星はありません。2人が一緒にいると、周囲にエネルギッシュな印象を与えます。ルーラーの火星は乙女座にあり、金星と土星とそれぞれセクスタイルを形成しています。しっかり、きっちり仕事に取り組む力が備わっているイメージです。

5ハウスのカスプは獅子座で、こちらも惑星はありません。ルーラーの太陽は前述の通り射手座にあり、水瓶座の月とセクスタイルです。

7ハウスのカスプは天秤座で、金星と天王星が入っています。D子さんとE美さんが一緒にいると、対人面でカリスマ的なオーラが漂います。特に、取引相手やビジネスパートナーに対しては、「何か新しいことをやってくれそう！」という期待感を与えます。ただ、同時に「あの2人は何を考えているのかわからない」という印象を与えることも。相手に合わせて天秤座のフレンドリーで社交的な部分を

全面に出すと、スムーズなやりとりができるでしょう。

　11ハウスのカスプは水瓶座で、月と木星が入っています。月は前述の通りです。木星はノーアスペクトで、その特性である「拡大と発展」の力をのびのびと発揮します。11ハウスが示す「不特定多数の人」との関係は上手くいきそうです。ビジネスの柱がネット通販事業ということですが、大勢の顧客を相手にしてもスムーズに事業を発展させることができるでしょう。

Step.6

　その他、D子さんとE美さんのコンポジットチャートで気になる点に注目します。ビジネスの相性だったので、今回はステップ4で「太陽と水星」を重点的に見ましたが、「金星と火星」にも少し触れておきましょう。

　金星は蠍座で7ハウス、火星は乙女座で6ハウスに位置しています。金星と火星はセクスタイルです。その他のアスペクトを見てみると、金星は蟹座の土星とトライン、火星は蟹座の土星とセクスタイルです。

　7ハウスにある蠍座の金星は、D子さんとE美さんが美容関連のビジネスで才能を発揮できることを示しています。2人のこだわりとセンスが詰まった逸品を扱うことで、熱心なファンに支えられるでしょう。

　6ハウスにある乙女座の火星は、2人がきちんとした快適な環境で力を発揮することを表しています。清潔感の溢れるクリーンなオフィスや、適度にマニュアル化された環境を整えれば、仕事のやる気がアップしそうです。

　また、金星、火星、土星が調和的な角度を形成しています。これは、2人のやる気や美意識が自己満足的なものではなく、他者の厳しい要求を満たしていることを示しています。

　最後に、10の惑星における3区分（クオリティ）と4区分（エレメント）のバランスを見ておきましょう。

　ここからチャートの全体像をつかむことができます。

　このチャートでは、クオリティの割合が活動宮：不動宮：柔軟宮＝3：3：4、エレメントの割合が火：地：風：水＝3：1：4：2です。

クオリティに関しては、柔軟宮の割合が多いことがポイントです。射手座に太陽と水星と海王星、乙女座に火星があり、主要な惑星が柔軟宮に集中しています。柔軟宮は文字通り、フレキシブルで自由な特性があります。

　D子さんとE美さんが一緒にビジネスをする上で、それは大きな長所ですが、柔軟宮の優柔不断なところが強調されると短所にもなります。柔軟性を良い方向に生かすことが、ビジネスの推進力になるでしょう。

　エレメントに関しては、火と風の割合が多いことがわかります。もともと2人とも射手座の要素が強いので、コンポジットチャートでも射手座をはじめとする火のサインの存在感が強くなっています。

　D子さんとE美さんは海外への販売展開も視野に入れているとのことで、縦横無尽に燃え盛る射手座の情熱とチャレンジ精神を発揮できそうです。

　また、水瓶座をはじめとする風のサインはさわやかなイメージです。2人の絶妙なパートナーシップと親しみやすい魅力を発揮することで、商品のファンが増えて、ビジネスをスムーズに発展させることができそうです。

Reading Case 3

Case.3 ビジネスパートナー同士の相性
（出生時間がわからない場合）

　ビジネスパートナー同士の相性として、日本の国民的漫画家である「藤子不二雄」を取り上げます。
　D子さんとE美さんの例との大きな違いは、「2人の出生時間がわからない」という点です。実際に、2人のパートナーのどちらか、あるいは双方の出生時間が不明だというケースは多いと思います。出生時間がわからないとハウスを割り出すことができません。その場合は、ハウスを算出せず、惑星のサインとアスペクトだけに注目してリーディングを行います。

コンポジットチャートリーディングの手順

基本的には65ページで説明した「2人の出生時間がわからない場合（＝ハウスを確定できない場合）」の手順でリーディングを行います。ただ、D子さんとE美さんの例と同じく、今回は「仕事仲間」としての2人の相性を見たいので、「太陽」と「水星」に注目します。ステップ4で「コンポジットの太陽と水星が入っているサイン、太陽と水星のアスペクト」を重点的に見るようにします。

Step.1 コンポジットチャートのリーディングに入る前に、まず二つのネイタルチャートと2重円チャートをじっくり見てみましょう。どのような人物に惹かれ、どのような人間関係を育むのかに注目しましょう。

Step.2 コンポジットチャートの中で、強い影響力のあるサインに注目します。特に、四つ以上の惑星が集中しているサインは要チェックです。

Step.3 コンポジットの太陽と月があるサイン、太陽と月のアスペクトに注目します。

Step.4 コンポジットの太陽と水星が入っているサイン、太陽と水星のアスペクトに注目します。

Step.5 その他、コンポジットチャートで気になる点に注目します。

　では実際にリーディングを始めましょう。
　今回のケーススタディのモデルである「藤子不二雄」。これは、藤本弘氏と安孫子素雄氏という2人の漫画家がかつて共同で使っていたペンネームです。2人はその後、長年続いたコンビを解消し、藤本弘氏が「藤子・F・不二雄」、安孫子素雄氏が「藤子不二雄Ⓐ」という別々のペンネームを名乗るようになりました。以下では「藤子・F・不二雄」を「F先生」、「藤子不二雄Ⓐ」を「Ⓐ先生」という表記で解説します。

Step.1

チャート 9

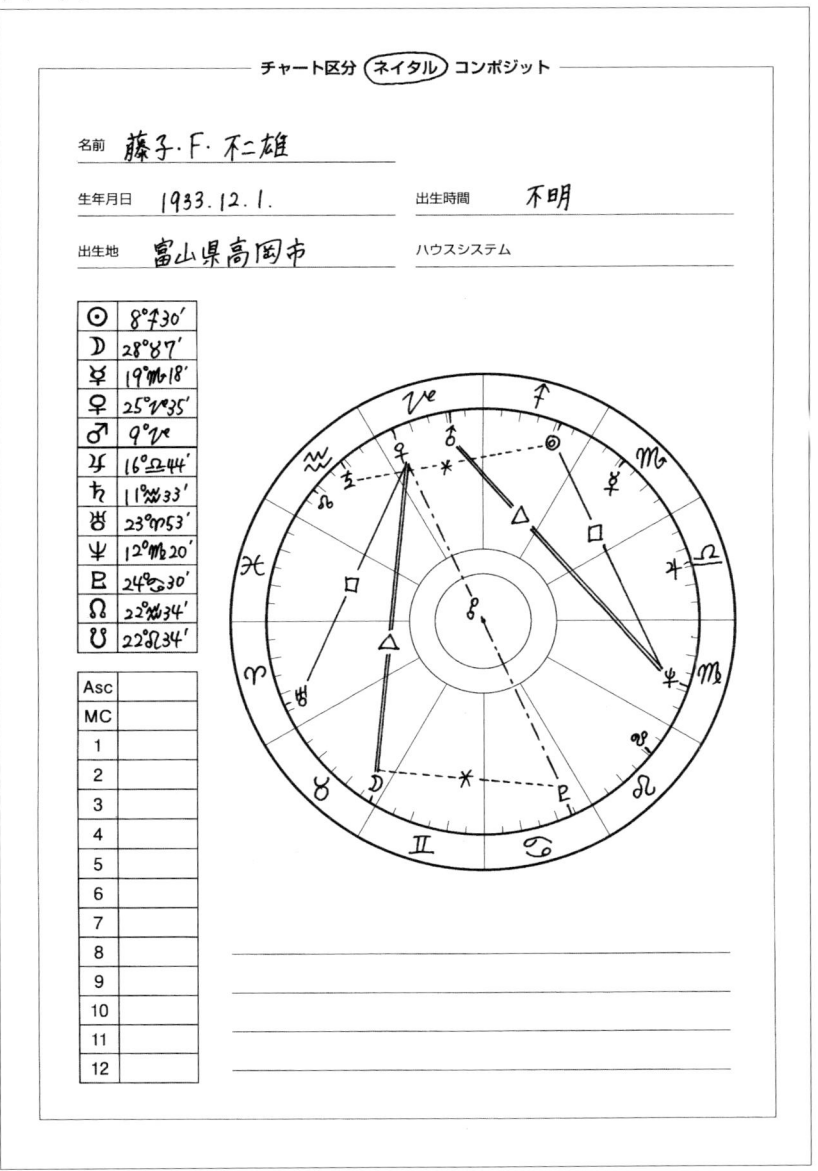

チャート区分 (ネイタル) コンポジット

名前　藤子・F・不二雄

生年月日　1933.12.1.　　出生時間　不明

出生地　富山県高岡市　　ハウスシステム

☉	8°♐30′
☽	28°♉87′
☿	19°♏18′
♀	25°♑35′
♂	9°♌
♃	16°♎44′
♄	11°♒33′
♅	23°♈53′
♆	12°♏20′
♇	24°♋30′
☊	22°♒34′
☋	22°♌34′

Asc	
MC	
1	
2	
3	
4	
5	
6	
7	
8	
9	
10	
11	
12	

95

F先生のネイタルチャート（チャート9）を見ると、地のエレメントのサインにある惑星が存在感を放っています。

月が牡牛座、金星と火星が山羊座に位置し、月と金星はトラインです。ここから、質実剛健で真面目な人物像が浮かんできます。

一方、太陽は射手座に位置し、それぞれ海王星とスクエア、土星とセクスタイルです。射手座の太陽は高い理想と旺盛な好奇心を意味します。また、水星は蠍座にありノーアスペクトです。太陽は人生観、水星は仕事観をそれぞれ司っているため、その人物の仕事ぶりを考える際は特に注目したい惑星です。

F先生の太陽と水星の状態を見ると、飽くなき探求心とチャレンジ精神を持ち続けながら、一つの仕事に集中するという傾向がわかります。

漫画家として重要な要素である「想像力」に関しては、蠍座の水星に加え、海王星の作用が大きいようです。勝手にどんどんイメージが湧いてくるというより、最初に「面白い漫画を描きたい」という強い意志と目標があり、それをサポートするかたちで想像力を発揮するタイプです。

満足できる仕事をするために試行錯誤を続ける。そんなF先生の努力に裏打ちされた才能があったからこそ、数々の人気漫画が生まれたのでしょう。

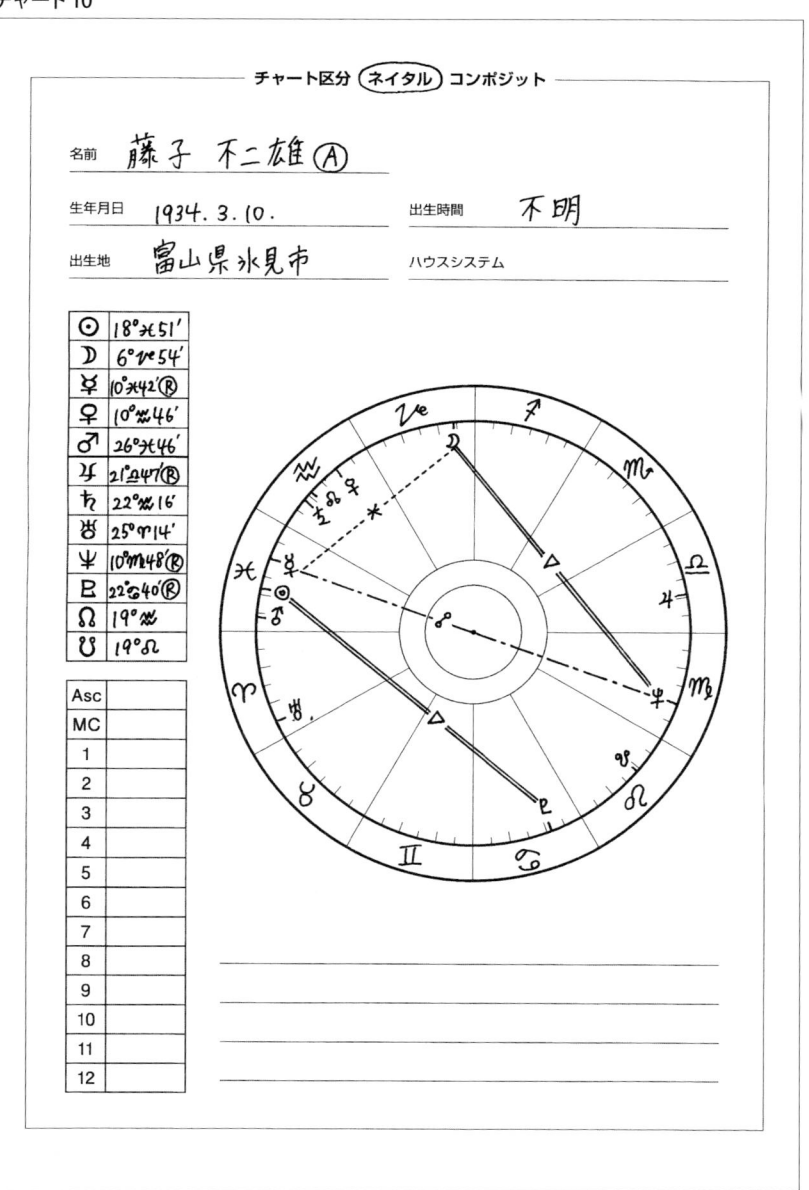

チャート 10

チャート区分 (ネイタル) コンポジット

名前　藤子 不二雄Ⓐ

生年月日　1934. 3. 10.　　出生時間　不明

出生地　富山県氷見市　　ハウスシステム

☉	18°♓51'
☽	6°♑54'
☿	10°♓42'(R)
♀	10°♒46'
♂	26°♓46'
♃	21°♎47'(R)
♄	22°♒16'
♅	25°♈14'
♆	10°♍48'(R)
♇	22°♋40'(R)
☊	19°♒
☋	19°♌

Asc	
MC	
1	
2	
3	
4	
5	
6	
7	
8	
9	
10	
11	
12	

Ⓐ先生のネイタルチャート（チャート10）では、魚座に太陽、水星、火星という主要な惑星が集中しています。

　魚座は水のエレメントの柔軟宮に当たり、精神性が高く情緒的なサインです。さらに、魚座は想像力に富み、豊かな芸術的センスを持つサインでもあります。

　この魚座にある3惑星だけでも、Ⓐ先生が漫画家になったのは必然だと思えるような配置です。しかも、太陽は冥王星とトライン、水星は海王星とオポジションであり、Ⓐ先生の想像力を活性化しています。

　前述のように、太陽と水星は「仕事」を考える際に重要な惑星です。Ⓐ先生の仕事は漫画を描くことですから、次々と湧いてくるイメージをどんどん漫画という形にしていく様子が浮かんできます。

　月は山羊座にあり、水星とセクスタイル、海王星とトラインです。仕事とプライベートを分けず、むしろ私的な時間に仕事で使えるネタを積極的に探すようなタイプです。

　また、水瓶座の金星はノーアスペクトで、Ⓐ先生が他の誰にも真似できない独特のセンスの持ち主であることを示しています。

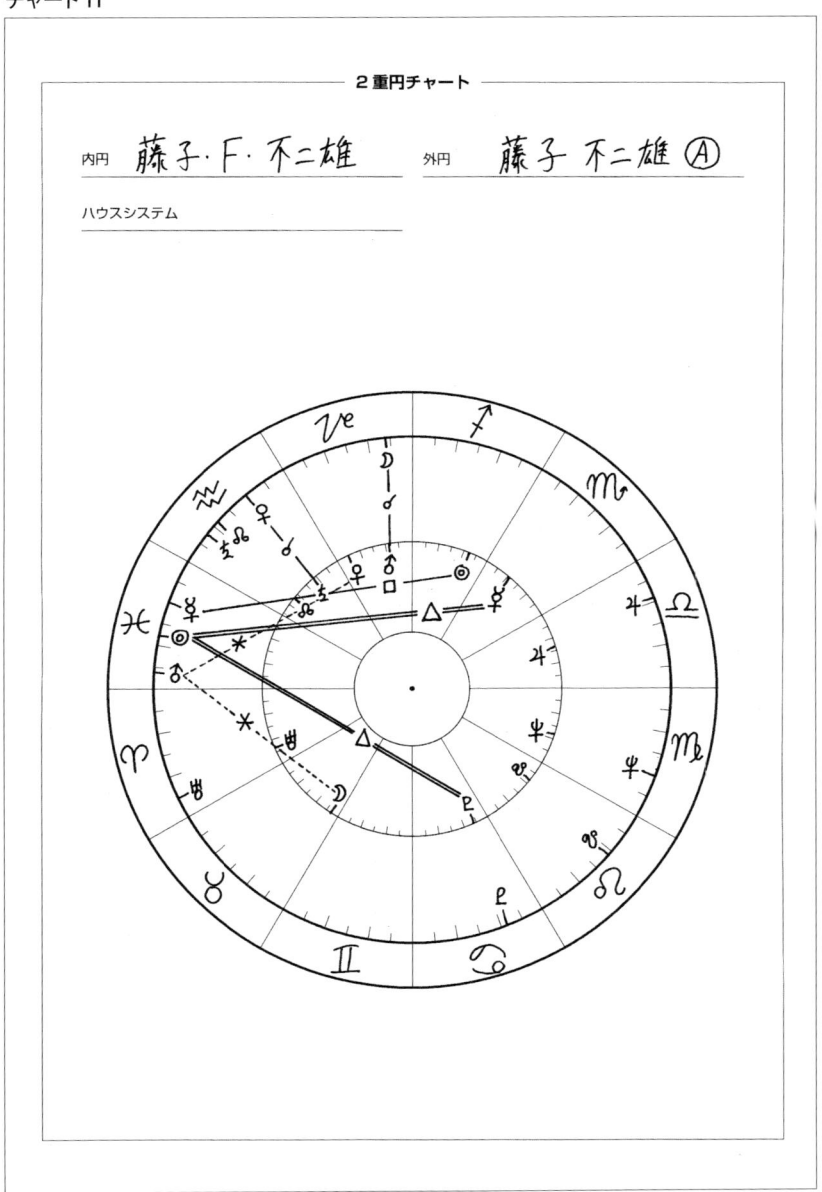

チャート11

― 2重円チャート ―

内円　藤子・F・不二雄　　　外円　藤子 不二雄Ⓐ

ハウスシステム

次に、2人のネイタルチャートを重ね合わせた2重円チャート（チャート11）から、2人の関係性を見てみましょう。

　注目したいのは、Ⓐ先生の魚座の太陽とF先生の蠍座の水星がトライン、Ⓐ先生の魚座の水星とF先生の射手座の太陽がスクエアであるという点です。

　太陽と水星は「仕事」を考える上で重要な惑星だということは、これまで繰り返し説明してきました。ただ、この2人の場合は単なるビジネスパートナーではありません。太陽と水星がイマジネーションやアートと関わりの深い水のサインでトラインになっている状態は、「2人で一つのペンネームを名乗る漫画家」という特殊な関係をよく表しています。そして、柔軟宮のサインでスクエアになっている状態は、2人が程よく緊張感のある関係でいたことを示唆しています。

　また、Ⓐ先生の魚座の火星が、F先生の牡牛座の月、山羊座の金星と、それぞれセクスタイルとなっている点も見逃せません。

　月と金星はどちらかといえば女性的で受け身な性質を持つ惑星ですが、火星は男性的で積極的、とてもパワフルな惑星です。ただ、魚座が柔軟で優しい雰囲気のサインなので、魚座の火星はそれほど押しつけがましくありません。

　この惑星のアスペクトからは、Ⓐ先生がF先生を自然なかたちで刺激し、面白い漫画を描くためのセンスやアイデアを促進する、そんな関係だったのではないかと推測できます。

　さらに、F先生からⒶ先生に与えている影響をよく示しているのは、F先生の火星がⒶ先生の月と、F先生の土星がⒶ先生の金星と、それぞれコンジャンクションしているという点です。

　魚座の太陽と水星と火星、水瓶座の金星を持つⒶ先生は、素晴らしい感性の持ち主です。特に、水瓶座の金星は独特で斬新な感性、時代を一歩リードするような革新的なセンスを示しています。この惑星の配置は、漫画家というより現代アート作家のようです。そのため、漫画が独創的になりすぎて、一般読者がついていけないという懸念もあります。

　前述のコンジャンクションの関係は、そんなⒶ先生の浮世離れしたイメージとアイデアがF先生の影響によって現実的な形になる、ということを示唆しています。

Step.2

チャート 12

チャート区分　ネイタル　(コンポジット)

名前　藤子・F・不二雄 & 藤子不二雄Ⓐ

生年月日　　　　　　　　　　　出生時間

出生地　　　　　　　　　　　　ハウスシステム

☉	28°♈41'
☽	17°♓31'
☿	14°♈45'
♀	2°♒56'
♂	17°♒38'
♃	19°♎21'
♄	16°♒40'
♅	24°♍34'
♆	11°♍34'
♇	23°♋35'
☊	20°♒32'
☋	20°♌32'

Asc	
MC	
1	
2	
3	
4	
5	
6	
7	
8	
9	
10	
11	
12	

F先生と@先生のコンポジットチャート（チャート12）は、2人で1人の「藤子不二雄」のネイタルチャートであるともいえるでしょう。
　ここでは、コンポジットチャートの中で強い影響力のあるサインに注目します。
　F先生と@先生のコンポジットチャートでは、山羊座に太陽と水星が、水瓶座に金星、火星、土星、ドラゴンヘッドの四つが集中しています。
　地のエレメントの活動宮である山羊座は質実剛健で堅実な特性のあるサインです。「子供向けの漫画家として大成功した藤子不二雄」としては意外なイメージかもしれませんが、その肩書きを「日本を代表する国民的漫画家」に変えてみたらどうでしょうか。
　山羊座はとても社会性が強く、権力や権威を示すサインでもあります。また、不断の努力や忍耐力という意味もあります。何十年も漫画界の第一線で走り続け、人気漫画を発表し続けることは、並大抵の努力ではできません。山羊座の太陽と水星からは、まるで「職人」のようにコツコツと漫画を描き続ける姿が浮かんできます。
　さらに、「藤子不二雄」が唯一無二の漫画家になったのは、やはり水瓶座に集中している惑星の影響が大きいといえるでしょう。
　水瓶座は風のエレメントの不動宮に当たり、知的で賢くてクール。視野が広く、自由で独創的な性質のあるサインです。
　そこに美的感覚を示す金星、積極性やチャレンジ精神を示す火星、忍耐力や責任感を示す土星、悟りや解放を示すドラゴンヘッドが集中しています。
　特に火星と土星はコンジャンクションであり、他の誰も真似できないパワフルな存在感を発揮しています。「日本を代表する国民的漫画家・藤子不二雄」のカリスマ性は、この水瓶座の惑星群に由来するのではないでしょうか。
　また、水瓶座には「宇宙」や「未来」というキーワードがあるので、ロボット、怪物、超人など、SFの要素が強い作品が多いのも納得です。

Step.3

　コンポジットチャートで、太陽と月があるサイン、太陽と月のアスペクトに注目します。コンポジットチャートの太陽は山羊座、月は魚座にあります。

　太陽は金星とコンジャンクション、冥王星とオポジション、天王星とスクエアです。月は水星とセクスタイル、冥王星とトラインです。それぞれのアスペクトの意味を具体的に読み解いていきましょう。

　山羊座の太陽は、現実的で実利的な様子を表しています。Ⓐ先生とＦ先生はビジネスパートナーとして最高の関係です。2人が一緒に仕事をすれば、大きな利益を生むことができる、そんな相性です。

　この2人は、いったん「できる！」と信じたら、結果を出すまで努力を続けます。その上、「それをするべきだ」という信念があれば、積極的にチャンスをつかみにいきます。

　コンポジットチャートでの山羊座の太陽は、既に成し遂げてしまったことに興味はなく、さらに新しい目標を達成しようと常に努力することを示します。

　また、この2人は周囲の人達を助けるために自分達の能力を使おうとします。

　Ⓐ先生とＦ先生が「藤子不二雄」のペンネームでたくさんの子供達を喜ばせる漫画を合作し続けたという事実が、山羊座の太陽の性質と符合します。

　太陽のアスペクトに注目すると、金星は水瓶座2度の位置にあり、山羊座28度の太陽とサインをまたいでコンジャンクションです。愛と美の女神ヴィーナスにちなんだ金星が太陽の側にあることで、山羊座の太陽の堂々たるオーラに、金星の楽しくフレンドリーな性質が加わっているようです。

　太陽には冥王星とのオポジション、天王星とのスクエアがあるので、かなり退廃的でエキセントリックな人生になりそうですが、コンジャンクションの金星によってその影響力が緩和され、明るくポジティブな方向へ向かいます。

　魚座の月は、パートナーのことを深く理解し合える関係性を示しています。魚座は12星座の最後に当たり、魂の領域を表します。

　Ⓐ先生とＦ先生は言葉で説明しなくても自然とわかり合える、以心伝心の関係です。

世間では「藤子不二雄」という名前の一人の漫画家として長く認知されていたので、文字通り「一心同体」といえるでしょうが、コンポジットチャートにも2人の特別な深い心のつながりが表れています。

　2人がコンビを解消したのは「藤子不二雄」としてデビューしてから30年以上の月日が過ぎた頃でした。それは、実務上や名義上の都合というよりも、2人にしかわからない「言葉にできない理由」があったからだと、魚座の月から察することができます。

　月と水星のセクスタイルは、2人の共感力が仕事でスムーズに発揮される様子を示しています。また、月と冥王星のトラインは、Ⓐ先生とF先生が豊かな精神世界を共有していたことを表しています。

　2人のイマジネーションの領域は、現実を超えた「未来の世界」に達していたといえるでしょう。

Step.4

　コンポジットの太陽と水星が入っているサイン、太陽と水星のアスペクトに注目します。

　太陽のサインとアスペクトはステップ3でご紹介したので、ここでは太陽と水星の関係を重点的に見ていきます。

　太陽と水星は共に山羊座にありますが、14度ほど離れているのでコンジャンクションの関係ではありません。ただ、2人のコンポジットチャートで山羊座にある惑星は太陽と水星だけなので、2人の仕事ぶりにはやはり山羊座の特性が強く出ているといえるでしょう。

　山羊座は前述の通り現実的で実利的、真面目でコツコツ努力を続ける性質のサインです。山羊座に太陽がある人物は、勤勉で仕事一筋、とても働き者です。

　太陽の二つのアスペクト（冥王星とのオポジションと天王星とのスクエア）からは、Ⓐ先生とF先生が単なる真面目な仕事人間であるだけではなく、常人離れした努力を続け、それに裏打ちされた実力を養っていたことがわかります。

　また、水星のアスペクト（月とのセクスタイルと木星とのスクエア）からは、仕事

をすればするほど生活がうるおい、そのことでさらに仕事が上手くいくという、理想的な仕事のスタイルを示唆しています。

Step.5

　その他、F先生とⒶ先生のコンポジットチャートで気になる点を見てみましょう。
　Ⓐ先生とF先生、それぞれのネイタルチャートの主要5惑星（太陽、月、水星、金星、火星）における4エレメントのバランスに注目してみてください。
　Ⓐ先生には火のエレメントが一つもなく、F先生には風のエレメントが一つもありません。
　コンポジットチャートでも相変わらず火のエレメントはありませんが、水瓶座の金星と火星によって風のエレメントが補われています。風のエレメントは知性や思考能力を示します。その中でも、水瓶座はクールで頭の回転が速く独特な感性を表すサインです。
　Ⓐ先生とF先生は一緒に漫画を描くことで、文字通りアイデアの「風通し」が良くなったのでしょう。そして、日本中の子供達みんなが手に取り、誰もが知っているような大人気漫画を生み出したのです。

Reading Case 4

Case.4 恋人同士の相性（出生時間がわからない場合）

　出生時間がわからない恋人同士のコンポジットチャートのケースを取り上げます。ケース3と同じく、2人のどちらか、あるいは双方の出生時間が不明の場合はハウスを割り出すことができません。そのため、ハウスを算出せず、惑星のサインとアスペクトだけに注目してリーディングを行います。

　このケースのモデルであるF也さんとG代さんは20代前半の若いカップルです。2人とも同じ美術大学の学生で、1年ほど前から交際しています。

　現在大学4年生のF也さんは学外で美術賞に入選するなど評価が高く、大学卒業後は海外留学して腕を磨き、このまま美術の道を進む予定です。

　一方、G代さんは20歳になったばかりで、進路を決めかねています。F也さんのように海外留学する道も視野に入れつつ、専攻のグラフィックデザインの技術を生かせる広告関連会社に就職したいという希望もあります。

　F也さんとG代さんは共同で作品を作ることもあり、恋人であると共に同志のような関係です。

コンポジットチャートリーディングの手順

基本的には65ページで説明した「2人の出生時間がわからない場合（＝ハウスを確定できない場合）」の手順でリーディングを行います。今回は恋人同士なので、ステップ4は金星と火星のままで見ることにします。

Step.1 コンポジットチャートのリーディングに入る前に、まず二つのネイタルチャートと2重円チャートをじっくり見てみましょう。どのような人物に惹かれ、どのような人間関係を育むのかに注目しましょう。

Step.2 コンポジットチャートの中で、強い影響力のあるサインに注目します。特に、四つ以上の惑星が集中しているサインは要チェックです。

Step.3 コンポジットの太陽と月があるサイン、太陽と月のアスペクトに注目します。

Step.4 コンポジットの金星と火星が入っているサイン、金星と火星のアスペクトに注目します。

Step.5 その他、コンポジットチャートで気になる点に注目します。

Step.1

チャート13

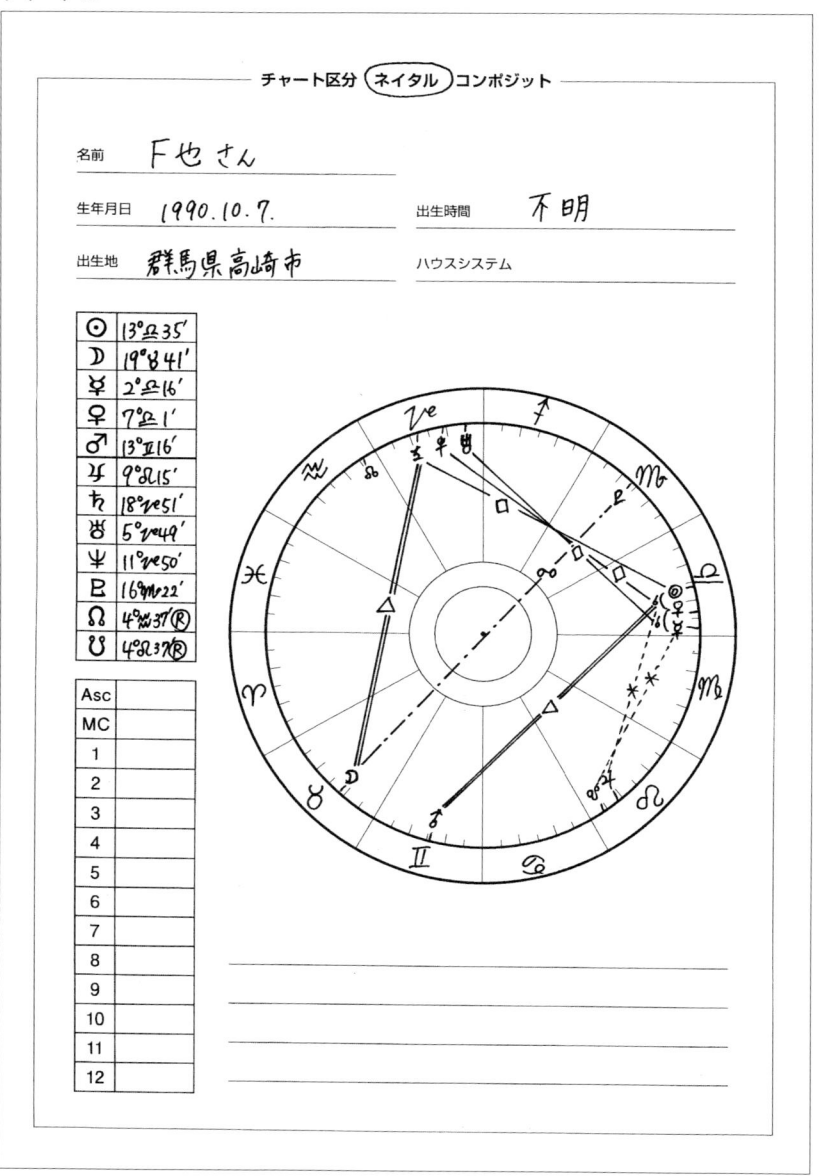

チャート区分 （ネイタル） コンポジット

名前　　　Fやさん

生年月日　1990.10.7.　　出生時間　不明

出生地　　群馬県高崎市　　ハウスシステム

☉	13°♎35'
☽	19°♉41'
☿	2°♎16'
♀	7°♎1'
♂	13°♊16'
♃	9°♌15'
♄	18°♑51'
♅	5°♑49'
♆	11°♑50'
♇	16°♏22'
☊	4°♒37'(R)
☋	4°♌37'(R)

Asc	
MC	
1	
2	
3	
4	
5	
6	
7	
8	
9	
10	
11	
12	

V　リーディングケース

108

2人のネイタルチャートを見てみましょう。

　F也さんのネイタルチャート（チャート13）を見ると、12サイン中6サインに惑星が一つもなく、半分のサインが空っぽです。

　また、太陽と水星と金星が天秤座、火星が双子座にあり、主要5惑星のうち四つが風のエレメントにあります。

　惑星の特性が偏っている人は、良くも悪くも個性的です。特定の分野やテーマには素晴らしい理解を示す一方で、興味のないことには全く見向きもしない傾向があります。

　F也さんの場合は、知性や思考を表す風のエレメントに惑星が集中しているので、好奇心が旺盛で頭の回転も速そうです。その一方、他のエレメント、特に火のエレメントが司る直感やインスピレーション、水のエレメントが司る情緒的なことには疎いのかもしれません。

　天秤座の守護星は愛と美の女神ヴィーナスと関連する金星で、芸術家の卵らしい惑星の配置です。双子座の守護星は神々の伝令マーキュリーにちなんだ水星で、コミュニケーション能力と情報収集力に秀で、知的好奇心が旺盛な性質を表しています。

　「太陽＝金星＝水星」の並びを「人生＝芸術＝仕事」と考えれば、美術に人生をかけようというF也さんの決意も納得です。ただ、天秤座は風のエレメントであると同時に活動宮でもあるので、「何が何でも美術家にならねば！」という悲壮感はありません。そのため、F也さんの今後の活動次第では、将来美術と全く違うことをやっていく可能性もあるでしょう。

　天秤座の3惑星と双子座の1惑星は同じ風のエレメント同士なので、アスペクトはおのずとトラインになります。

　アスペクトのオーブを5度にすると、厳密には天秤座の太陽と双子座の火星がトライン、天秤座の金星・水星と双子座の火星がトラインになります。しかも、天秤座の3惑星は木星とセクスタイルです。このアスペクトからは、F也さんが大勢の人々とのコミュニケーションや膨大な情報の中から、自分のセンスに合う要素をピックアップする才能の持ち主であることがわかります。人当りもソフトで穏やかなので、女性からモテるタイプでしょう。

また、天秤座の3惑星は、山羊座に集中している3惑星（土星、海王星、天王星）とスクエアです。
　これらの影響が強く出ると、衝動的にこれまでの生活を変えたり、一気に大金を使ったり、仕事をコロコロ変えたりする可能性があります。破天荒な展開はアーティストとして理想的かもしれませんが、不安定な人生になりがちです。
　このように、F也さんは天秤座の3惑星にトラインとスクエア両方の影響を受けています。アスペクトが多い分、変化の多い人生になりそうですが、持ち前のバランス感覚と社交性を生かせば変化を楽しむことができるでしょう。

チャート14

チャート区分 (ネイタル) コンポジット

名前　G代さん

生年月日　1992.7.28.　　出生時間　不明

出生地　東京都 渋谷区　　ハウスシステム

☉	5°♌17'
☽	11°♋30'
☿	14°♌57'(R)
♀	17°♌31'
♂	0°♊55'
♃	14°♍22'
♄	15°♒53'(R)
♅	15°♑5'(R)
♆	17°♑5'(R)
♇	20°♏9'
☊	0°♐20'(R)
☋	0°♊20'(R)

Asc	
MC	
1	
2	
3	
4	
5	
6	
7	
8	
9	
10	
11	
12	

次に、G代さんのネイタルチャート（チャート14）を見てみると、12サイン中5サインに惑星が一つもありません。

惑星のサインが偏っている点は、F也さんと似ています。一方、主要5惑星に風のエレメントが一つしかない点がF也さんとは対照的です。G代さんの太陽と水星と金星は獅子座、月が蟹座、火星が双子座にあり、華やかで目立つタイプの女性という印象です。

G代さんのネイタルチャートで存在感があるサインは獅子座です。

獅子座は火のエレメントの不動宮に当たります。情熱的で活動的な火の性質と、どっしり安定していて動かない不動の性質を合わせ持っています。

そんな獅子座からイメージするのは、誰からも慕われる姉御肌の人物、女王様気質が強い人物です。周囲から注目を浴び、常にスポットライトを浴びていたい獅子座に太陽と水星と金星が集中しているG代さんは、「自分が主役」の人生を強く志向する傾向があります。

蟹座の月からはシャイな素顔が垣間見えますが、基本的には人前に出て堂々と自分の意見やアイデアを発信していく度胸の持ち主です。

また、獅子座の太陽と双子座の火星はセクスタイルで調和的な角度を作り、G代さんの天真爛漫な明るさに元気なパワーを添えています。

一方、蟹座の月は山羊座の天王星とオポジション、水星と金星は水瓶座の土星とオポジションです。これは活動的だと思ったら一転して頑固になるなど、移ろいやすく不安定な性質を暗示する配置です。

また、獅子座の金星と蠍座の冥王星、不動宮同士のスクエアは、恋愛において特に頑固になりがちだという傾向を示しています。

チャート15

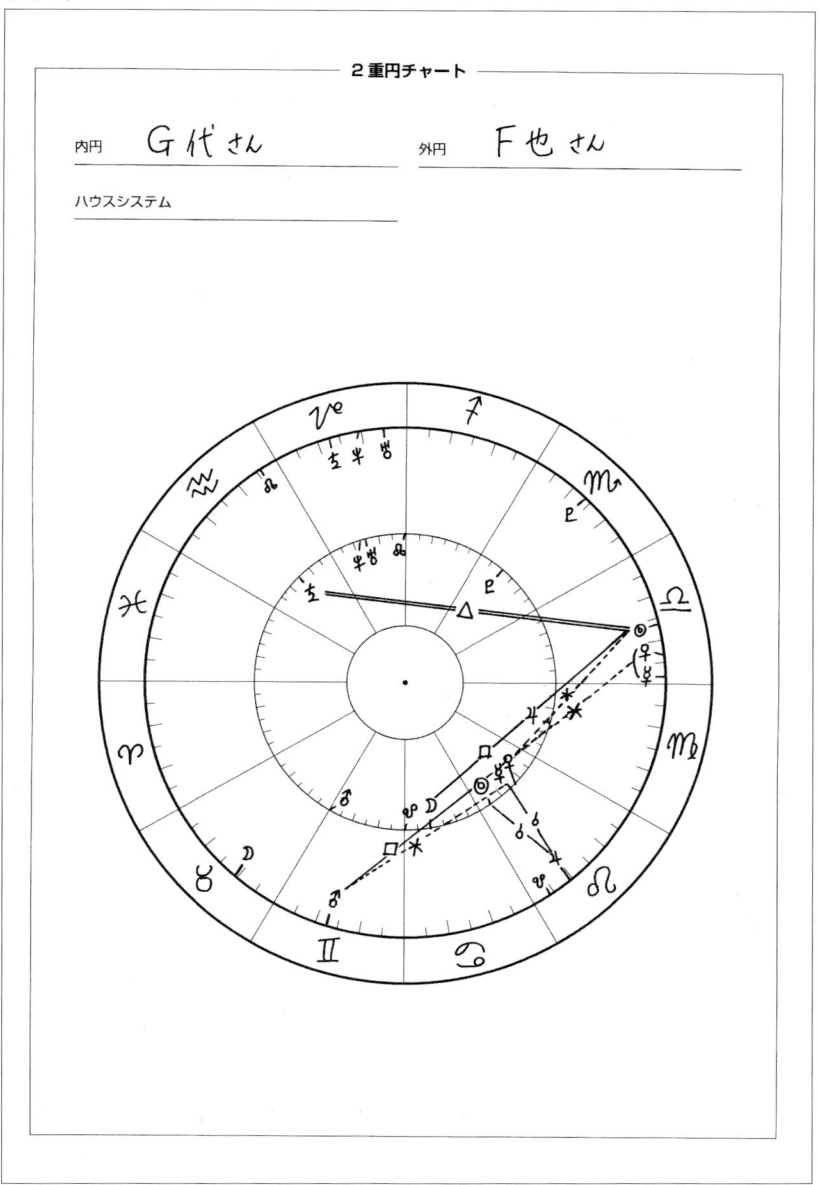

――― 2重円チャート ―――

内円 G代さん　　　外円 F也さん

ハウスシステム

F也さんとG代さん、2人のネイタルチャートを重ね合わせた2重円チャート（チャート15）から、2人の関係性を見てみましょう。

この場合は恋愛の相性なので、太陽と月はもちろんのこと、金星と火星の関係を重点的に見ていきます。

まず、ネイタルチャート全体を比べた印象として、柔軟でソフトなタイプのF也さんと不動のオーラを放つG代さんは異なるタイプの2人です。

F也さんの太陽はそれぞれG代さんの土星とトライン、月とスクエアです。F也さんにとってG代さんは、「フラフラしていないで、しっかりしてね」と安定感を求めてくるのと同時に、「もっと変わった面白いことをすれば？」と発破をかけてくる、何とも矛盾の多い存在です。良くも悪くも刺激的な恋人といえるでしょう。

F也さんの木星はG代さんの獅子座の太陽とコンジャンクションです。木星は拡大と発展を表す惑星なので、G代さんにとってF也さんは大きなチャンスをもたらしてくれるラッキーパーソンです。F也さんはG代さんの華やかな魅力を輝かせる力を持っているので、F也さんと一緒にいる時のG代さんはひときわ美しいオーラを放っているのではないでしょうか。

さらに、F也さんの木星はG代さんの太陽の緊張感を和らげてくれます。この2人の関係を映画の撮影に例えてみると、G代さんがスクリーンの中央で輝く主演女優なら、F也さんはその舞台を整えるプロデューサーといったところでしょうか。F也さんはG代さんにとって理想的な恋人といえそうです。

F也さんとG代さんは共同で作品を作っているとのことですが、F也さんはG代さんから刺激を受けて作品を作り始め、最終的に2人のセンスやアイデアが合致したところで形になるという関係なのでしょう。

次に、金星と火星の関係に注目してみましょう。

天秤座に太陽と金星を持つF也さんは恋愛に関して「来る者拒まず、去る者追わず」というスタンスなので、獅子座の性質が強いG代さんはF也さんの煮え切らない態度にイライラしたり、不安になったりすることもあるでしょう。

ただ、2重円チャートのアスペクトではセクスタイルが多く、この2人は上手くいく要素もたくさんあります。

金星と火星のアスペクトに注目すると、F也さんの天秤座の太陽がG代さんの

獅子座の金星とセクスタイル、G代さんの獅子座の太陽がF也さんの天秤座の金星とセクスタイルで、「お互いの太陽と金星がセクスタイル同士」という共通点があります。

　さらに、2人ともネイタルチャートにおいて太陽と金星が同じサインにあるので、金星同士もオーブを広めに取るとセクスタイルとなります。セクスタイルの場合、トラインと違って自然に惑星同士が調和することはできませんが、エネルギーをスムーズに交換しようという作用が働きます。F也さんとG代さんは以心伝心ではない分、相手のことを理解しようと努力できる関係です。

　また、2人とも火星が同じ双子座にあります。

　恋愛において火星は「好きな人をどんなふうに愛するのか」という特徴を示すと言われています。火星はもともとアグレッシブな性質がありますが、双子座は柔軟宮の風のエレメントのため、軽やかでさわやかな雰囲気です。

　F也さんもG代さんも、オープンに愛情表現をするタイプなので、その点では心地良い自然な交際ができるでしょう。

Step.2

チャート 16

チャート区分　ネイタル　(コンポジット)

名前　F也さん & G代さん

生年月日

出生時間

出生地

ハウスシステム

☉	9°♏26'
☽	15°♊36'
☿	8°♏37'
♀	12°♏16'
♂	6°♊51'
♃	26°♌44'
♄	2°♏7'
♅	10°♑32'
♆	14°♑28'
♇	18°♎16'
☊	17°♑29'
☋	17°♋29'

Asc	
MC	
1	
2	
3	
4	
5	
6	
7	
8	
9	
10	
11	
12	

F也さんとG代さんのコンポジットチャート(チャート16)の中で強い影響力のあるサインに注目してみましょう。乙女座に太陽と水星と金星が、双子座に月と火星が集中しています。主要5惑星(太陽、月、水星、金星、火星)はすべて柔軟宮にあるのが特徴です。

　柔軟宮は文字通り、流動的で弾力的な性質を示しています。他の人や周囲の環境にフレキシブルに合わせることができるのが長所ですが、その性質が裏目に出ると1カ所に落ち着くことのできない不安定さや、主体的に動けない優柔不断さが出てきてしまいます。

　F也さんとG代さんのネイタルチャートでは天秤座や獅子座の明るくて華やかな要素が目立っていましたが、2人のコンポジットチャートでは繊細で清廉で真面目な乙女座の特徴が強く出ています。

　乙女座は柔軟宮の地のエレメントに当たります。柔軟宮の特性は前述の通りで、良くも悪くもフレキシブルです。最悪の場合、この2人はフラフラして流されやすいカップルになることも懸念されます。ただ、地のエレメントは現実的で感覚的な特性が強いため、F也さんとG代は一緒にいると堅実で実直に活動できるでしょう。

Step.3

　コンポジットの太陽と月があるサインとハウス、太陽と月のアスペクトに注目します。

　F也さんとG代さんのコンポジットチャートでは、乙女座の太陽と水星がタイトなコンジャンクションで、双子座の火星とスクエアです。また、双子座の月は天秤座の冥王星とトラインです。

　コンポジットの太陽が乙女座にある2人は、お互いの存在を意識し、敬意を払いながら発展していく関係性です。どちらかが落ち込んでいる時はもう一方がケアします。

　また、2人が一緒にいると細かい気遣いができるので、ミスしそうになっても事前に回避することができるでしょう。ただ、センシティブである分、ダイナミック

さに欠ける傾向もあります。

　F也さんとG代さんはアーティストのカップルなので、共同作業で計画的に繊細な作品を完成させることができそうですが、逆に小さくまとまってしまう可能性もあります。実務能力の高い乙女座の性質をどのように生かしていくかがポイントです。

　恋愛面でも、同じく恋人に対する興味と敬意が重要になってくるでしょう。

　情熱的に燃えるような恋をする相性ではありませんが、お互いの足りないところを補い合い、二人三脚で歩む同志的なカップルです。

　地のエレメントらしく形式的なことを重視するので、長すぎる春にならないよう、交際スタートから比較的早い段階で結婚し、正式な夫婦になると安定した関係を築くことができます。

　F也さんとG代さんはまだ学生で年齢も若いですが、コンポジットの水星が太陽とコンジャンクションしていることから考えても、まもなく訪れる卒業、留学、就職といった人生のターニングポイントについて、一緒に具体的なプランを立てるとよいでしょう。

　太陽と水星とのコンジャンクションは、2人の価値観が同調しやすい相性であることを示しています。お互いが何を考えているか、どんな気持ちでいるのか、手に取るようにわかるでしょう。話題も合うし、会話のリズムもピッタリで、気持ち良く言葉のキャッチボールができます。思考方法や言語感覚が似ているので、お互いの得意分野を教え合ったり、2人で一緒に一つのテーマを発信したり、共同で活動しても上手くいきます。F也さんとG代さんは既に作品を共同制作していますが、息の合ったコラボレーションができるでしょう。

　一方、太陽と火星のスクエアは、エネルギーのやりとりが難しい相性だということを暗示しています。水星とのコンジャンクションも関連しているので、2人のエネルギーが過剰になりすぎる可能性があります。具体的には、楽しく話をしていたかと思えばいつの間にか議論になっていたり、議論が白熱しすぎてケンカになったり、という展開が懸念されます。活発なアイデアの交換ができますが、イライラしたりカッとなったりしないよう、注意が必要です。

　コンポジットの月が双子座にある2人は、コミュニケーションをスムーズに行う

ことができる相性です。2人の間では気持ちを上手く言葉で表現することができるので、誤解や行き違いが少なく、自然に相手を理解することができます。

　逆に、2人で一緒にいると考えていることを何でも言葉にしてしまうので、相手に隠し事をするのは難しいでしょう。それがお互いの信頼感を深めるきっかけにもなりますが、相手を傷つけてしまう可能性もあります。

　また、短期的なコミュニケーション（リズミカルな言葉のやりとり）は得意ですが、長期的なコミュニケーション（何年も先の約束など）は苦手です。このことから、F也さんとG代さんは当意即妙なやりとりを楽しむものの、相手の言うことをすべて真に受けない、という不思議な関係であることがわかります。

　月と冥王星のトラインは、この関係がいささか現実離れしていることを示しています。2人が一緒にいると深い愛情を育み、夢や目標が大きく膨らみます。ただ、場合によって、それは2人の手に負えないほど大きなテーマとなる可能性も。エキセントリックになりがちなので、精神的に疲れる部分もあり、穏やかな日常生活を送るのはかなり大変そうです。そのため、2人が上手くやっていくには、常識にとらわれず、新しいライフスタイルを生み出そうという気概が必要でしょう。

　もし、2人が一緒に暮らすとしたら、変化の多い生活になるでしょう。ひとところに定住することはなく、引越しを繰り返すことになりそうです。

Step.4

　今回は恋愛の相性を中心に見るので、コンポジットの金星と火星のサインとアスペクトに注目します。

　F也さんとG代さんのコンポジットの金星は乙女座、火星は双子座にあります。金星は太陽＆水星とコンジャンクション、海王星＆天王星とトラインです。火星は太陽＆水星とスクエア、土星とトラインです。

　まず、金星のアスペクトから見ていきましょう。

　太陽＆水星とのコンジャンクションは、感情と思考の傾向がすべて一致するので、すべてにおいて上手くいく相性だということを表しています。2人の関係がお互いにとって主要なトピックになるので、相手のことを自分のことと同じように大切に考えることができます。

　ただ、心の距離が近すぎて近視眼的になり、2人の関係を客観的に考えられないという難点もあります。上手くいっている時はよいのですが、いったん仲が悪くなると自己嫌悪に陥ってしまうおそれもあります。

　F也さんとG代さんは共に美術の道を志し、同志的な愛情で結ばれています。ただ、2人が同じ世界にいて強い影響を与え合うと、それぞれの個性が失われてしまう可能性もあります。逆に、ライバル意識が芽生えてギクシャクしてしまうこともあるかもしれません。アーティストとしては良い刺激になるでしょうが、恋のパートナーとしては厳しい関係になりそうです。

　2人で仲良くやっていくためには、程度な距離を取ることが必要でしょう。何でも一緒にやろうとせず、少し離れてお互いの興味や趣味を追求する時間と空間を作ると、良い関係をキープすることができるでしょう。

　金星と海王星＆天王星のトラインは、2人で一緒にいると夢や希望が広がり、斬新なアイデアを出し合えるような関係です。海王星はロマンティック、天王星はエキセントリックな特性を持つ惑星です。トラインの影響力は穏やかに発揮されるので、2人の恋愛関係にも良い影響を与えてくれそうです。

　海王星と天王星は山羊座にあり、乙女座の金星とトラインです。地のサイン同士のトラインなので、落ち着いた印象です。淡々としているように見えて、実は着

実に愛情を育んでいる、そんな関係です。小さくまとまってしまいそうな乙女座の太陽と水星と金星を、適度に刺激して外の世界に連れて行ってくれる、そんな作用もあるでしょう。夢を語り合うことや外部の刺激を取り入れることを肯定してくれるようなイメージです。

　火星と太陽＆水星のスクエアは、この2人がエネルギーの使い方に苦労することを暗示しています。2人で同時に何かに熱中すると、そこから抜け出せなくなってしまいそうです。集中力があってよい気もしますが、スクエアなので力の出し方が不器用になりがちです。柔軟宮同士のスクエアなので、それほど深刻な雰囲気はありませんが、2人で一緒にいてケンカのスイッチが入ると、理屈っぽい言葉で攻撃したり、細かいことを糾弾したりするおそれがあります。

　一方、火星と土星のトラインは、火星と太陽＆水星のスクエアの作用を抑えてくれそうです。クールダウンを促す土星の力で、過剰なエネルギーのぶつかり合いを避けることができるでしょう。また、火星と土星のトラインは、恋人同士の関係において穏やかな愛情を育める可能性を示しています。ドキドキするような刺激的な恋ではありませんが、2人で一緒にいると温かい愛情を感じることができるでしょう。

Step.5

　その他、F也さんとG代さんのコンポジットチャートで気になる点に注目してみましょう。

　単独のネイタルチャートでは、2人とも地のエレメントが少なかったのですが、コンポジットチャートでは乙女座が増えることで、地のエレメントの存在感がアップしています。

　F也さんは周囲にフレキシブルに合わせながら成長していく可能性を、G代さんは明るく華やかな存在感を、それぞれ持っています。ただ、2人とも地の要素が少ないので実務的な部分が苦手なようです。

　ところが、2人が一緒に活動することで、アイデアを形にしたり、計画を練ったり、具体的な作業を進めることができそうです。

コンポジットチャートを見る限り、若い恋人同士としては浮ついたところがなく、むしろ少し地味な相性です。ただ、共同制作者としては末永く確実に作品を作っていける、堅実な相性だといえるでしょう。2人ともまだ学生なので将来は未知数ですが、結婚したり、2人でオフィスを構えたり、仕事と家庭の地盤を早めに築くと良い関係を育むことができそうです。

Reading Case 5

Case.5 結婚の相性（出生時間がわかる場合）

　H夫さんとI美さんは元夫婦。H夫さんはヘアサロンのオーナー、I美さんは旅行会社に勤めています。

　イベントの仕事で知り合った後、意気投合して交際スタート。2年の交際期間を経て2001年に結婚しましたが、2007年に離婚しました。

　離婚の主な原因は、「子供を作るかどうか」で2人の意見が食い違ったこと。早く子供が欲しかったI美さんに対し、夫婦2人の生活に満足していたH夫さんは子作りを望みませんでした。

　2人の心が離れていった結果、離婚に至りました。

コンポジットチャートリーディングの手順

64ページで説明した①2人の出生時間がわかる場合（＝ハウスを確定できる場合）の手順でリーディングを行います。

Step.1 コンポジットチャートのリーディングに入る前に、まず二つのネイタルチャートと2重円チャートをじっくり見てみましょう。どのような人物に惹かれ、どのような人間関係を育むのかに注目しましょう。

Step.2 コンポジットチャートの中で、強い影響力のあるサインとハウスに注目します。特に、四つ以上の惑星が集中しているサインとハウスは要チェックです。

Step.3 コンポジットの太陽と月があるサインとハウス、太陽と月のアスペクトに注目します。

Step.4 コンポジットの金星と火星が入っているサインとハウス、金星と火星のアスペクトに注目します。

Step.5 人間関係を表す1ハウス、5ハウス、7ハウス、11ハウスに注目します。

Step.6 その他、コンポジットチャートで気になる点に注目します。

Step.1

チャート 17

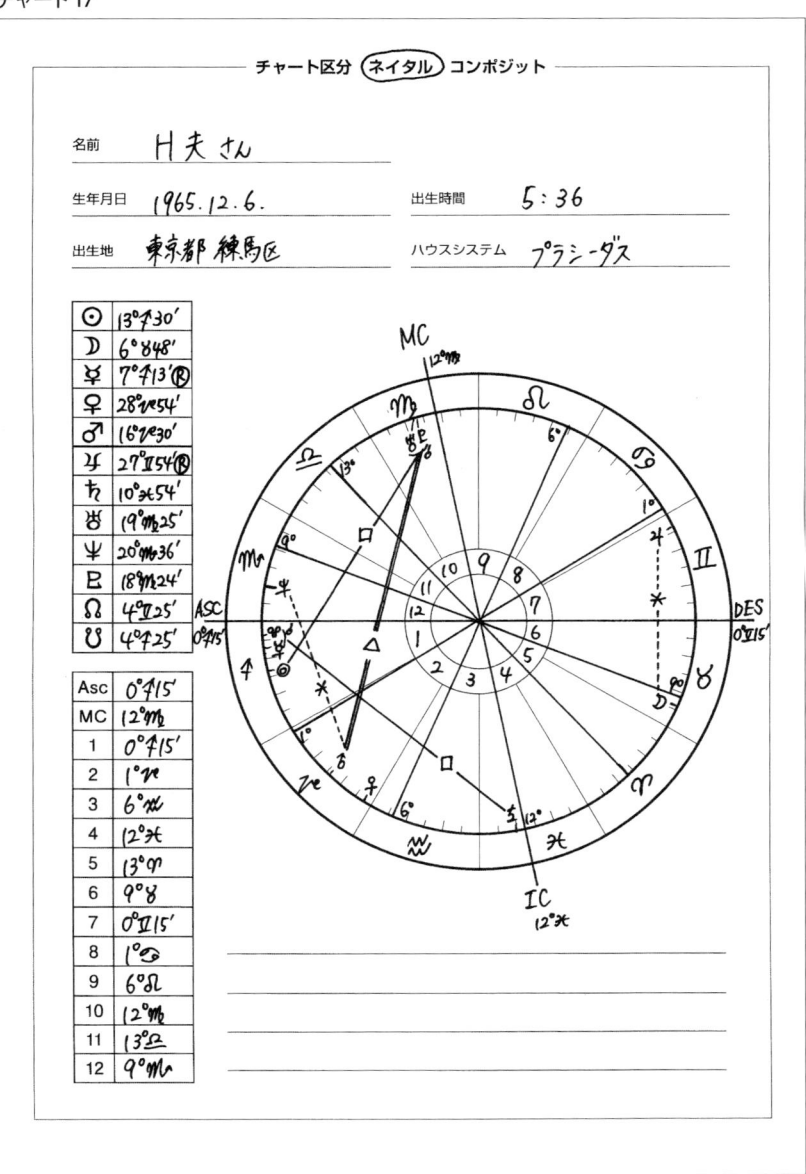

チャート区分 (ネイタル) コンポジット

名前　H夫さん

生年月日　1965.12.6.　　　出生時間　5:36

出生地　東京都 練馬区　　　ハウスシステム　プラシーダス

☉	13°♐30'
☽	6°♑48'
☿	7°♐13'℞
♀	28°♏54'
♂	16°♐30'
♃	27°♊54'℞
♄	10°♓54'
♅	19°♍25'
♆	20°♏36'
♇	18°♍24'
☊	4°♊25'
☋	4°♐25'

Asc	0°♐15'
MC	12°♍
1	0°♐15'
2	1°♑
3	6°♒
4	12°♓
5	13°♈
6	9°♉
7	0°♊15'
8	1°♋
9	6°♌
10	12°♍
11	13°♎
12	9°♏

まず2人のネイタルチャート（チャート17と18）を見てみましょう。

H夫さんのネイタルチャート（チャート17）を見ると、主要5惑星が火と地のエレメントのサインに占められていることに気づきます。

射手座の太陽と水星は、H夫さんが好奇心と探究心旺盛な人物であることを示しています。しかも、どちらも1ハウスにあるので、主体的かつワガママに、自分が思い描いた通りの人生を歩んでいきたいタイプです。

アスペクトに注目すると、太陽は天王星&冥王星とスクエア、水星は土星とスクエアです。手堅く一つのことを続けるよりも、その時に興味を持ったことを自由に追い求めていきたい性格だということがわかります。良くも悪くも、変化に富んだ人生を送るでしょう。

一方、H夫さんの月、金星、火星はすべて地のエレメントのサインにあります。

男性のホロスコープで月は「理想の妻像」を表し、金星と火星は「理想の恋人像」や理想的な「恋愛のスタイル」を表すといわれています。

H夫さんの場合、月が牡牛座、金星と火星が山羊座にあります。牡牛座の月が「H夫さんの理想の妻」を示唆するなら、それは穏やかで控えめながら、芯の強いタイプの女性です。牡牛座のルーラー（守護星）は金星ですから、美的感覚やセンスを共有できることも大切なポイントです。

特に、H夫さんは美容関係の仕事をしているので、「美しいと思うもの」「心地良いと感じること」「美味しいと思うもの」など、五感の相性を重視するでしょう。

また、山羊座の金星と火星は、H夫さんが少し古風な恋愛観の持ち主であることを示しています。遊びの恋愛とは無縁で、恋人のことを大切にします。交際に発展する時は、常にその先に「結婚」があることを意識するタイプです。

また、金星と火星はどちらも2ハウスにあるので、相手を自分色に染めたい、独占したい、という願望もあるでしょう。

このように、火のエレメントの惑星（射手座の太陽と水星）と地のエレメントの惑星（牡牛座の月、山羊座の金星と火星）のギャップは、そのままH夫さんの多面的なキャラクターを示しています。

仕事など公の場では情熱的で活発な一面が、家族の前などプライベートな場面では真面目で堅実な一面が、それぞれ出てくるでしょう。

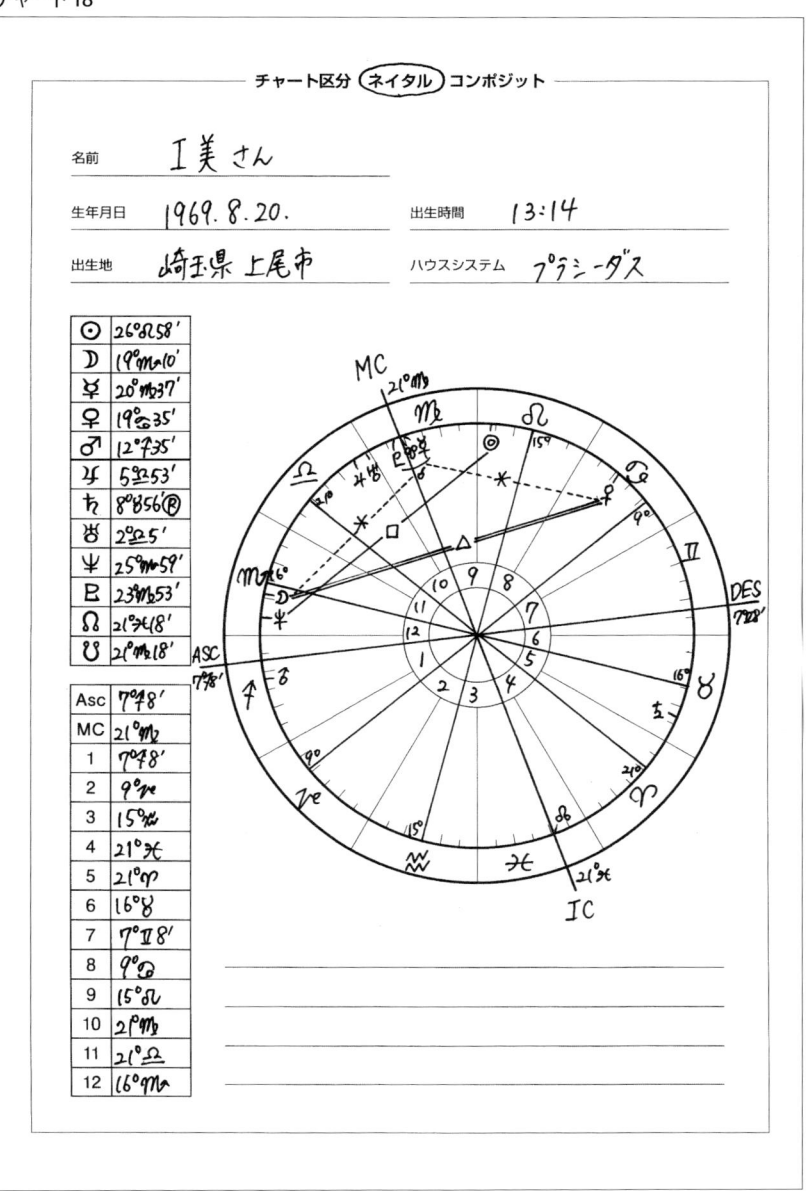

チャート 18

- チャート区分 (ネイタル) コンポジット
- 名前　エ美さん
- 生年月日　1969. 8. 20.
- 出生時間　13:14
- 出生地　埼玉県 上尾市
- ハウスシステム　プラシーダス

☉	26°♌58'
☽	19°♍10'
☿	20°♍37'
♀	19°♋35'
♂	12°♐35'
♃	5°♎53'
♄	8°♉56'(R)
♅	2°♎5'
♆	25°♏59'
♇	23°♍53'
☊	21°♉18'
☋	21°♏18'

Asc	7°♐48'
MC	21°♍
1	7°♐48'
2	9°♑
3	15°♒
4	21°♓
5	21°♈
6	16°♉
7	7°♊8'
8	9°♋
9	15°♌
10	21°♍
11	21°♎
12	16°♏

I美さんのネイタルチャート（チャート18）で特徴的なアスペクトは、太陽と海王星のスクエア、月と金星のトラインです。

　獅子座の太陽は9ハウスにあり、I美さんが明るく華やかであっけらかんとした性格であることを示しています。おまけに、射手座の火星がアセンダント付近にあるため、I美さんは周囲の人からひときわ「元気で明るい」というイメージを持たれることが多いでしょう。ただ、海王星とのスクエアがあるので、意外と繊細な一面もあるようです。

　蠍座の月と蟹座の金星のトラインからは、I美さんがとても情に厚いタイプであることがわかります。自然な感情を示す月と、美意識や恋愛傾向を表す金星は、女性にとって重要な惑星です。

　蠍座も蟹座も感情豊かな水のエレメントのサインなので、I美さんは身近な人に感情移入しやすい傾向があります。特にプライベートの場面において、その傾向は強くなります。

　家族や友人はもちろん、恋人と接する時にも「心のつながり」や「共感」といった感情面を重視します。蠍座は深く濃い情を持ちながら、それを秘める性質があります。特に、蠍座の月を12ハウスに持つI美さんの場合は、ウェットな一面が明るいキャラクターの陰に隠れがちです。

　8ハウスにある蟹座の金星も同じく、「嬉しい」「楽しい」「好き」といった感情をあまりオープンにできない傾向を示しています。ただ、月と金星がトラインなので、親しい人や心を許した人の前では、素直な気持ちを自然に出すことができるでしょう。

チャート 19

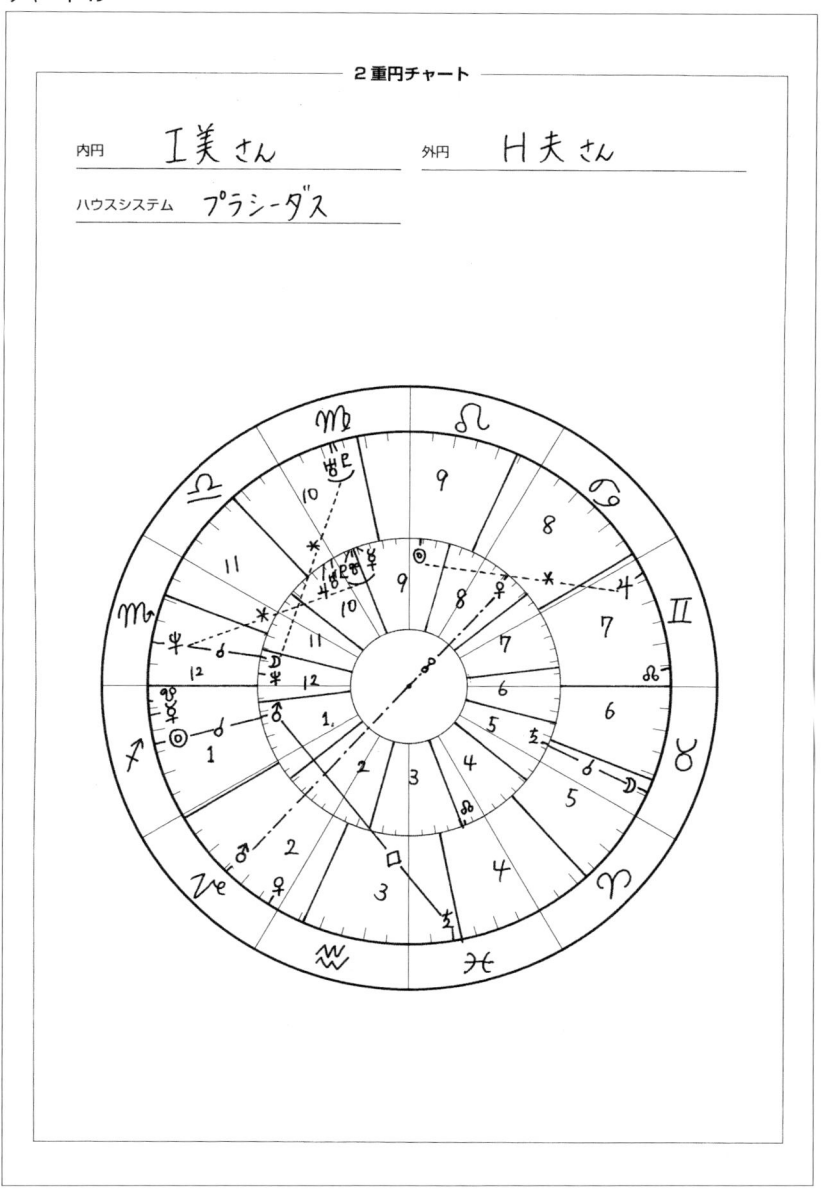

─── 2重円チャート ───

内円　　**エ美 さん**　　　　外円　　**H夫 さん**

ハウスシステム　**プラシーダス**

次に、2人のネイタルチャートを重ね合わせた2重円チャート（チャート19）から、H夫さんとI美さんの関係性を見てみましょう。

結婚の相性を見る際に特に注目したいのは、太陽と月のアスペクトです。このアスペクトが多いほど、お互いへの影響力が大きいと考えることができます。

H夫さんとI美さんの場合は、お互いの太陽と月に対し、その他の惑星が強いアスペクトを形成し合っています。

最終的には離婚という結果になりましたが、これだけ太陽と月に多彩なアスペクトがあるので、強く惹かれ合うのも当然だったといえるでしょう。具体的な太陽と月のアスペクトは次の通りです。

H夫さんの太陽にI美さんの火星がコンジャンクション

H夫さんの太陽は射手座13度30分、I美さんの火星は射手座12度35分にあり、タイトな角度でコンジャンクションを形成しています。太陽は最も重要な惑星であり、生き方や人生観などを表しています。火星は強いエネルギーを持つパワフルな惑星です。

今回の場合はアスペクトがコンジャンクションなので、I美さんの火星がH夫さんの太陽にかなり大きな刺激を与えています。

I美さんの火星はH夫さんの太陽に対して「スイッチ」もしくは「起爆剤」のような役割を果たしていたのでしょう。I美さんが発破をかけることで、H夫さんは「もっと頑張ろう！」と発奮する、そんな関係だったことがわかります。

H夫さんの月にI美さんの土星がコンジャンクション

H夫さんの月は牡牛座6度48分、I美さんの土星は8度56分にあり、コンジャンクションしています。

I美さんの火星がH夫さんの太陽を刺激していたのとは対照的に、I美さんの土星はH夫さんの月を抑圧しています。H夫さんはI美さんから勇気やパワーをもらう一方、精神的なプレッシャーを感じる……そんな矛盾した関係であることがわかります。

特に注目したいポイントは、牡牛座は現実的な地のエレメントであり、土星は

同じく地のエレメントである山羊座のルーラーであるという点です。H夫さんの牡牛座の月は彼の真面目で穏やかな性格を表していますが、I美さんと一緒にいると無言のプレッシャーを感じます。そして、「ちゃんとしなきゃ」という気持ちになるのです。

I美さんの太陽にH夫さんの木星がセクスタイル

　I美さんの太陽は獅子座、H夫さんの木星は双子座にあり、セクスタイルを形成しています。I美さんはH夫さんと一緒にいることで人生の可能性が広がるという、好ましい関係です。

　また、女性のホロスコープにおいて、太陽は「理想の夫像」を表す惑星でもあります。そのため、I美さんはH夫さんと一緒にいると、大きく包み込んでくれるような安心感を得られます。

I美さんの月にH夫さんの海王星がコンジャンクション／
冥王星＆天王星がセクスタイル

　I美さんの月は蠍座19度10分、H夫さんの海王星は蠍座20度36分にあり、コンジャンクションしています。それと同時に、乙女座18度〜19度にあるH夫さんの冥王星と天王星がセクスタイルしています。

　女性の月に男性のトランスサタニアン惑星がこれだけ多数のアスペクトを形成しているという時点で、I美さんにとってH夫さんは特別な影響力を持つ存在だったことがわかります。

　水のエレメントである蠍座で海王星と月がコンジャンクションしていることは、夢や希望が広がる可能性がある一方で、ぼんやりと盲目的な関係になってしまうおそれもあります。

　しかも、ドラマティックな変化を促す冥王星と天王星の影響力は、不動宮である蠍座の月に大きく揺さぶりをかけます。

　そのため、I美さんはH夫さんと一緒にいると気分が不安定になり、落ち着かないことが多かったのではないでしょうか。

Step.2

チャート20

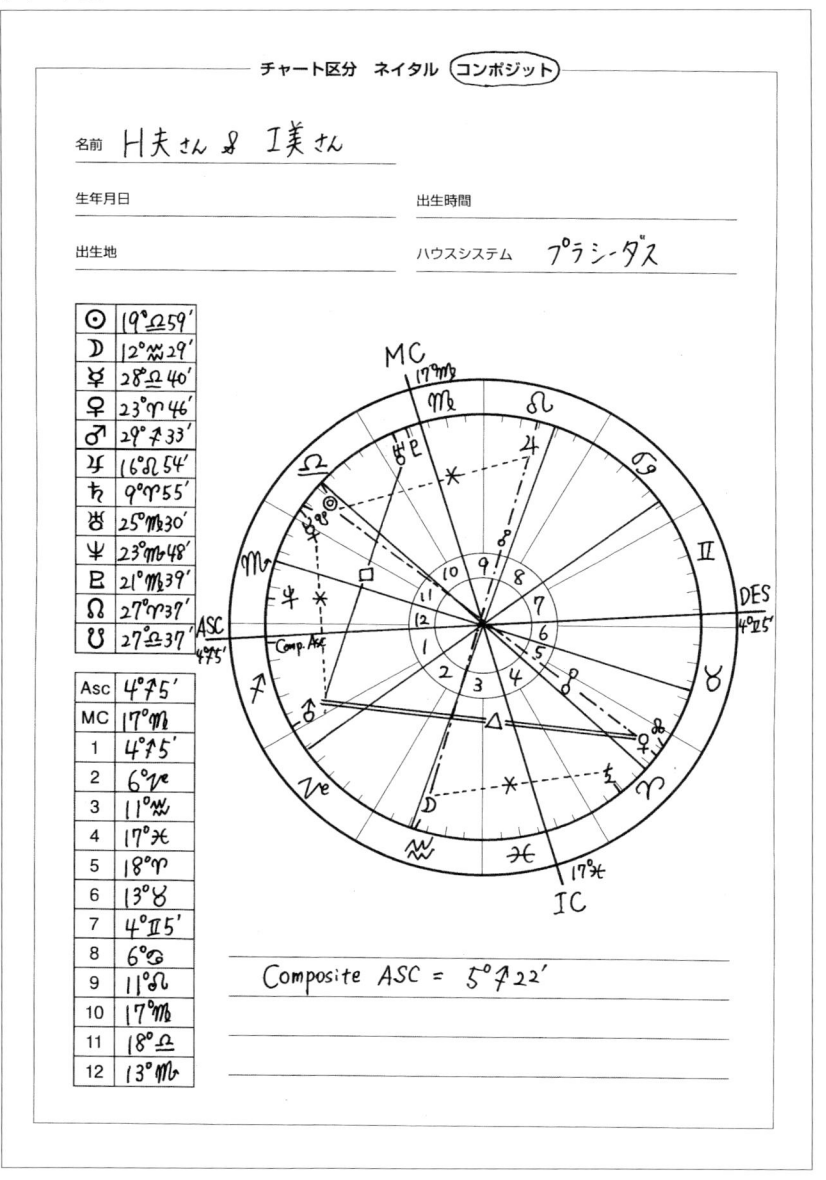

チャート区分　ネイタル　(コンポジット)

名前　H夫さん & I美さん

生年月日

出生時間

出生地

ハウスシステム　プラシーダス

☉	19°♎59'
☽	12°♒29'
☿	28°♎40'
♀	23°♈46'
♂	29°♐33'
♃	16°♌54'
♄	9°♈55'
♅	25°♏30'
♆	23°♏48'
♇	21°♏39'
☊	27°♈37'
☋	27°♎37'

Asc	4°♐5'
MC	17°♍
1	4°♐5'
2	6°♑
3	11°♒
4	17°♓
5	18°♈
6	13°♉
7	4°♊5'
8	6°♋
9	11°♌
10	17°♍
11	18°♎
12	13°♏

Composite ASC = 5°♐22'

コンポジットチャート（チャート20）の中で強い影響力のあるサインとハウスに注目してみましょう。この場合、ハウス算出の基準となる場所は「東京」として計算しています。

　H夫さんとI美さんのコンポジットチャートでは、天秤座に太陽と水星があり、ともに11ハウスです。

　天秤座の太陽を持つH夫さんとI美さんは、とてもバランス感覚の良いカップルです。天秤座はパートナーシップやペアを表すサインなので、夫婦のコンポジットチャートとしては理想的な惑星配置です。

　パートナーのことをよく見つつ、しっかりコミュニケーションを取ることで2人の関係を充実させようとします。特別な努力をしなくても、自然とお互いのことを思いやることができるので、一緒にいる時間が充実するでしょう。

　一方、夫婦間のバランスがいったん崩れてしまうと、修復するのが困難な関係ともいえます。人生観、家族観、金銭感覚など、あらゆる面でどちらかが極端に強くなったり、弱くなったりすると、夫婦として生活を続けるのが難しくなるのです。

　H夫さんとI美さんは、夫婦として生活していた約6年間、あらゆる困難を乗り越えてきました。

　H夫さんのヘアサロンの経営が傾いた時は、I美さんが精神的な面でH夫さんを支え、金銭的なサポートもしました。また、I美さんが病気で入院した時は、H夫さんが献身的に看病しました。そうすることで夫婦としての絆も強くなっていったようです。逆境時は、どちらかに負荷がかかっていても、「相手の分も自分が頑張ろう」ともう一人が思うことで、上手く夫婦間のバランスが取れていました。

　ところが、離婚の原因となった「子供を持つか否か」という問題に関しては、「イエスかノー」という二択の選択肢しかありませんでした。譲歩することも妥協点を見つけることもできず、2人の人生観や価値観のバランスが崩れてしまったことが、夫婦が別れる大きな理由だったといえるでしょう。

　11ハウスは「つながり」や「ネットワーク」を表す場所です。同じ志を持つ者がつながり、集まることで、視野が広がる、そんな場所です。

　このことから、H夫さんとI美さんはとてもオープンマインドで自由な関係だったことがわかります。

夫婦といえば特別で緊密な関係というイメージがありますが、H夫さんとI美さんの場合は常にベッタリ一緒にいるのではなく、周囲の人達との関わりも多く、風通しの良いさわやかなカップルだったのでしょう。

実際、2人は離婚してからも縁を絶つことはなく、共通の友達を交えて会うこともあるようです。

Step.3

コンポジットの太陽と月があるサインとハウス、太陽と月のアスペクトに注目します。

H夫さんとI美さんのコンポジットチャートでは、太陽は天秤座の11ハウスにあり、牡羊座の金星とオポジション、獅子座の木星とセクスタイルです。

天秤座の11ハウスにある太陽は前述のように、パートナーシップとバランスを表し、コミュニケーションもスムーズで、夫婦としては理想的な関係を示しています。

太陽と金星のオポジションは、ネイタルチャートではありえないアスペクトです。ただ、コンポジットチャートでは起こりえるため、独特の解釈が必要です。

夫婦のコンポジットチャートで太陽と金星のオポジションがある場合は、人生観と愛情に大きなギャップがあると解釈します。「相手のことを愛しているけれど、その生き方には賛成できない」もしくは、「相手の生き方は尊重するけれど、愛していない」という矛盾が生まれる可能性があります。

離婚した際のH夫さんとI美さん夫婦の場合は前者で、パートナーへの愛情はあるものの、お互いの人生観に埋められない溝ができてしまったのです。

太陽と木星のセクスタイルは、「少しの努力と調整をすれば人生が上手くいく」という星回りです。木星は「ラッキースター」といわれることが多いのですが、その本質的な作用は「拡大と発展」です。単純にラッキーというわけではなく、アスペクトする惑星のエネルギーを良くも悪くも広げる力があります。

H夫さんとI美さんの場合は、2人の価値観や意見が一致している時は木星の力がポジティブに働きます。ただし、そのバランスがいったん崩れてしまうと、木星がその崩壊を助長します。実際、H夫さんとI美さんに離婚話が持ち上がっ

てから実際に離婚届を出すまでは、1カ月足らずだったとのことです。

　月は水瓶座で3ハウス、獅子座の木星とオポジション、牡羊座の土星とセクスタイルです。

　夫婦のコンポジットチャートにおいて、月は自宅での過ごし方や日常生活の傾向など、プライベートなライフスタイル全般を表します。

　水瓶座の3ハウスにある月は、H夫さんとI美さんが自由で独特の感性を持つカップルだということを示しています。基本的に秘密はなく、何でも夫婦で話し合います。一緒に趣味を楽しんだり、面白い情報を交換したり、まるで友達同士のように仲良く暮らします。

　また、2人にしかわからない独自の表現やルールなどもあるでしょう。他の人がそれを知ったら「ちょっと変わっている」と思われるかもしれませんが、それが夫婦の個性にもなっています。

　水瓶座の3ハウスにある月と木星のオポジションは、夫婦のライフスタイルをいっそう楽天的でおおらかなものにします。

　ただ、あまり自由を満喫しすぎると、夫婦関係がルーズになったり、友達や兄弟を夫婦の問題に巻き込んだり、面倒なことになる可能性もあります。

　オープンでリラックスした雰囲気の家庭は理想的ですが、順調な夫婦生活を送るためには「親しき仲にも礼儀あり」を意識することも必要な関係性です。

Step.4

　コンポジットの金星と火星が入っているサインとハウス、金星と火星のアスペクトに注目します。

　金星は牡羊座で5ハウスにあり、太陽とオポジション、火星とトラインです。火星は射手座で1ハウスにあります。火星は水星とセクスタイル、天王星とスクエアです。

　ここで最も注目したいのは、金星と火星のトラインです。牡羊座と射手座、火のサイン同士のトラインなので、H夫さんとI美さんは情熱的な愛情のやりとりをするカップルなのでしょう。それぞれに太陽と水星のアスペクトがあるた

め、結婚後もしっかり愛情表現をすることでお互いの気持ちを確認し合い、愛情を深めます。

不安要素があるとすれば、1ハウスの火星と天王星のスクエアです。

このアスペクトは、突発的に過剰なエネルギーが爆発する可能性を示しています。

5ハウスの金星とのアスペクトを総合的に見ると、ワガママで子供っぽくなるおそれもあります。いくつになっても若いカップルのようにピュアな愛情をぶつけ合う新鮮さがありますが、夫婦としての成熟した愛情を育むことは苦手な2人のようです。

Step.5

H夫さんとI美さんのコンポジットチャートで、人間関係を表す1ハウス、5ハウス、7ハウス、11ハウスに注目します。

まず、1ハウスのカスプは射手座にあり、火星が入っています。射手座のアセンダントは、この2人が活発でいきいきとした印象のカップルであることを示しています。H夫さんとI美さんが一緒にいると、「何か楽しいことが起こるのではないか？」と周囲が期待する、そんなワクワク感があります。

一方、夫婦らしいの親密感や落ち着きはあまりなく、「本当に夫婦？」と思われることもあるようです。カップルというよりは、仲の良い兄妹もしくは、趣味や仕事の仲間のような印象を与えます。

また、1ハウスは「アイデンティティー」を示す場所です。ここに火星があるので、H夫さんとI美さんの夫婦はパワフルで唯一無二の個性を持ったカップルだといえるでしょう。

5ハウスのカスプは牡羊座にあり、金星が入っています。5ハウスは楽しいことや嬉しいことを表す場所です。具体的なキーワードとしては、「恋愛」や「レジャー」を表します。

H夫さんとI美さんが恋人同士の時は、きっとラブラブなカップルだったのでしょう。もちろん、夫婦になってもそれは変わりませんが、ステップ4でも触れた

通り、成熟した愛情を育むことは苦手なようです。

　また、5ハウスには「子供」というキーワードもあります。「子供を持つか否か」の意見が分かれたことが離婚の原因になった2人ですが、この星の配置からすると、子供がいた方がよかったのかもしれません。子供がいることで、夫婦の仲は良くなり、明るい愛情を育めそうな相性です。

　7ハウスのカスプは双子座で、惑星は一つもありません。夫婦のコンポジットチャートで7ハウスが空っぽだと心もとないのですが、そんな場合は7ハウスのルーラーに注目します。

　双子座のルーラーである水星は天秤座にあり、射手座の火星とセクスタイルです。双子座と天秤座はともに風のエレメントでトラインを形成し、コミュニケーションが2人の関係を良好にする要であることを示唆しています。

　11ハウスのカスプは天秤座で、太陽と水星が入っています。この解釈についてはステップ2を参照してください。

Step.6

　その他、H夫さんとI美さんのコンポジットチャートで気になる点に注目してみましょう。

　太陽、月、水星、金星、火星の主要5惑星が互いにアスペクトしているので、夫婦としての2人のつながりはそれなりに強いものだったことがわかります。

　ただ、残念ながら2人は離婚してしまいました。相性に何か大きな問題があったのでしょうか。最後に2人のコンポジットチャートの大局、クオリティとエレメントのバランスを見て何かヒントがないか探ってみましょう。

　H夫さんとI美さんのコンポジットチャートでは、主要5惑星のクオリティの割合が活動宮：不動宮：柔軟宮＝3：1：1、エレメントの割合が火：地：風：水＝2：0：3：0です。

　クオリティに関しては、不動宮の割合が少ないことに注目です。

　「不動宮が少ない＝ガマンが足りない」と言い切ってしまうのはあまりに短絡的な解釈です。ただ、何か問題が起こった時、このカップルはしばらく様子を見た

り、ガマンしたりするよりも、駆け引きをしたり、性急に動いたりする傾向があることは確かです。

また、エレメントに注目すると、地と水の要素がゼロです。

地のエレメントは現実性や感性、水のエレメントは感情や情緒を表します。H夫さんとI美さんカップルは、火のエレメントの持つ情熱や、風のエレメントの持つ知性や思考は旺盛でしたが、苦楽を共にして泣いたり笑ったりしながら、一緒に地に足の着いた人生を送ろうという意識は少なかったのかもしれません。

前述の通り、H夫さんとI美さんは離婚後も縁を絶つことなく、まだやりとりが続いているようです。この2人の関係は少し極端なところもありますが、お互いに影響し合うポイントは多く、相性も良い部類に入ります。

2人が夫婦として共に過ごした日々に得た「気づき」を、今後の人生に生かしてほしいと思います。

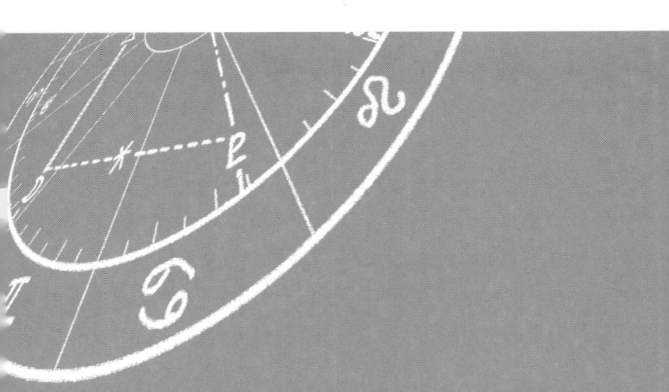

VI 占星術基礎データ

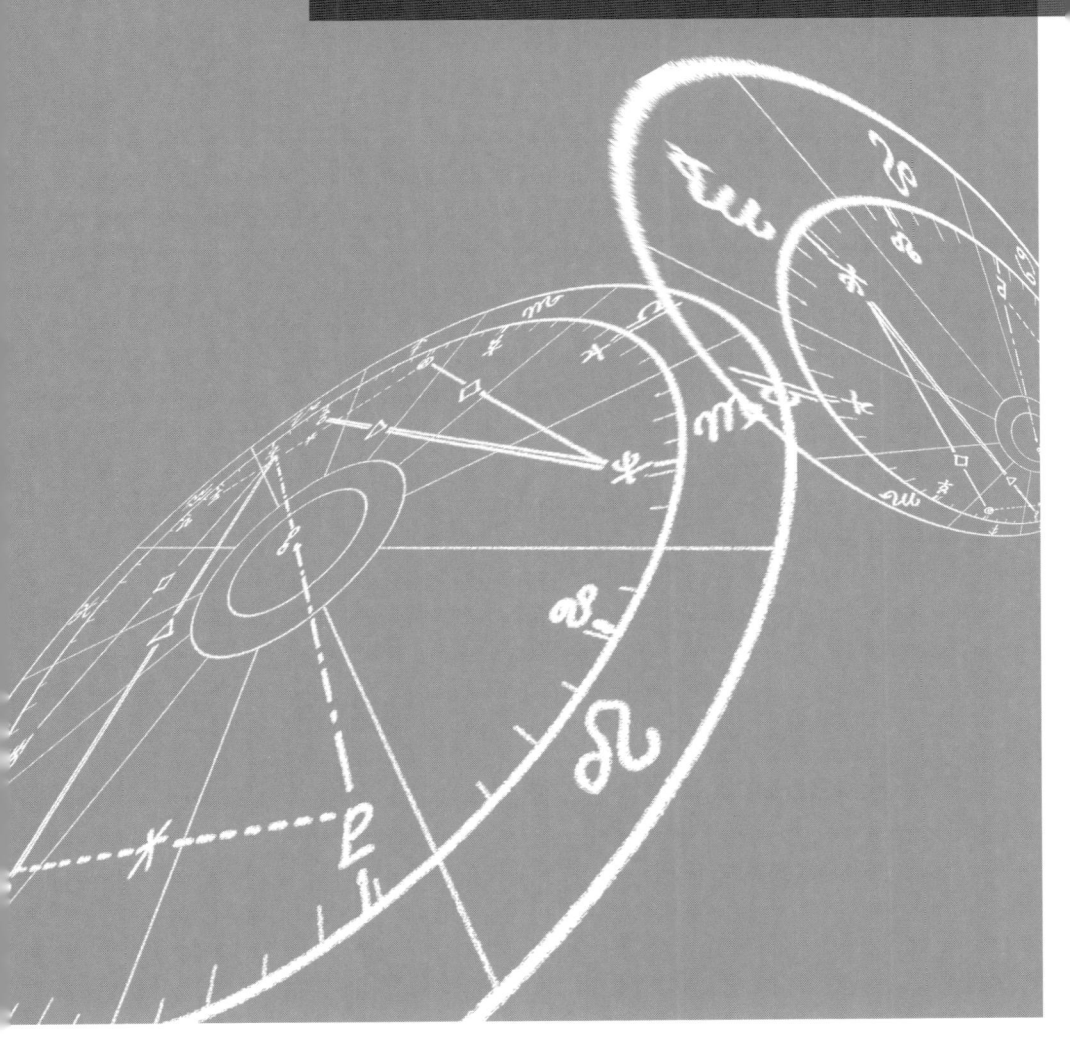

Basic data 1

10天体×12サイン

コンポジットの太陽
人間関係を見る際に最も重要な部分。2人に宿る根本的なエネルギーを表す。

各サインとその意味

牡羊座の太陽	強いエネルギーが生まれる関係。パワフルに活躍できる一方、ぶつかることも多い。
牡牛座の太陽	ゆっくり時間をかけて強い絆を育む関係。長い付き合いになることが多い。
双子座の太陽	良好なコミュニケーションができる関係。たくさん話をすることで良い関係を築ける。
蟹座の太陽	アットホームな関係。まるで家族のように親密な2人は以心伝心。苦楽を共にする。
獅子座の太陽	楽しい関係。2人が一緒にいると新しいアイデアが生まれ、面白いことができる。
乙女座の太陽	お互いにサポートし合う関係。2人が一緒だと地道に活動できるが、大きな夢を実現するのは難しい。
天秤座の太陽	お互いが積極的に関わり合う関係。コンビネーションを重視しながら協力し合う。
蠍座の太陽	切っても切れない関係。良いことも悪いこともすべて分かち合う、強固な絆で結ばれた間柄。
射手座の太陽	可能性と才能を伸ばし合う関係。2人が一緒にいると、視野も行動範囲も広がる。
山羊座の太陽	実利的な関係。一緒に大きなことを成し遂げる。ビジネスパートナーなら最強のコンビに。
水瓶座の太陽	視野が広がる関係。2人が一緒にいると、全方位で世界を見渡すことができる。
魚座の太陽	夢のある関係。2人が一緒にいると、楽しいイメージがどんどん膨らむ。

コンポジットの月

感受性を示す部分。2人が一緒にいると、ある出来事に対してどう反応するかを表す。

各サインとその意味

牡羊座の月	強いエネルギーが生まれる。パワフルに活躍できる一方、ぶつかることも多い。
牡牛座の月	穏やかな反応を示す。2人が一緒にいると慎重になり、地に足の着いた判断をする。
双子座の月	フレキシブルな対応をする。2人でよく話し合い、その時に最良だと思う方向へ進む。
蟹座の月	感情的に反応する。2人にとって最もストレスが少なく、快適な対処法を選ぶ。
獅子座の月	大げさに反応する。2人一緒だと喜怒哀楽が激しくなり、オーバーアクションになる。
乙女座の月	繊細な反応を示す。2人が一緒にいると、細かい部分にまでよく目が行き届く。
天秤座の月	時と場合に合わせて、適切な反応を示す。周囲の状況や相手の態度に上手く合わせる。
蠍座の月	あまり反応しない。2人だけで共感し合うことはあっても、周囲にはそれを明らかにしない。
射手座の月	ストレートな反応を見せる。2人が一緒だと解放的になり、自由に素直な感情を表現する。
山羊座の月	慎重な反応を示す。2人が一緒だと感情的になることは少なく、冷静に賢明な対応をする。
水瓶座の月	クールに反応する。2人が一緒だと視野が広がり、自由で偏見のない判断をする。
魚座の月	大きな影響を受ける。2人が一緒だと感受性が強くなり、その場の雰囲気に流されやすい。

| コンポジットの水星 | 思考とコミュニケーションの傾向。2人が一緒にいると、どんな考え方をするかを表す。 |

各サインとその意味

牡羊座の水星	コミュニケーションはスピーディー。2人が一緒だと意志疎通がスムーズで決断も速い。
牡牛座の水星	熟慮を重ねる。2人が一緒だと話し合いの時間が長くなり、結果より過程を重視する傾向がある。
双子座の水星	コミュニケーション能力が高まる。2人が一緒だと頭の回転が速くなり、当意即妙な応対ができる。
蟹座の水星	考え方がウェットになりがち。2人が一緒だと感情過多になり、冷静に話ができない傾向がある。
獅子座の水星	楽観的な考え方をする。2人が一緒だと会話のテーマが壮大になり、なぜか声も大きくなる。
乙女座の水星	目のつけどころが鋭くなる。2人が一緒だと、物事の細かい部分までしっかり理解できる。
天秤座の水星	人に合わせるのが上手。2人が一緒だと、考えていることを上手く言葉で表現できる。
蠍座の水星	ポーカーフェイスになる。2人が一緒だと思慮深くなり、言葉を選んで話すため、無口になりがち。
射手座の水星	言葉より感情が先走る。2人の気持ちが同時に盛り上がるので、あまり言葉は必要ない。
山羊座の水星	簡潔なコミュニケーションをする。2人が一緒だと、話の要点をつかんでムダのない会話をする。
水瓶座の水星	全方位型のコミュニケーション。2人が一緒だと、あらゆる可能性を考慮した上で話を進める。
魚座の水星	思考より感性が優先される。2人が一緒だと感情豊かになるが、それを上手く言葉で表現できない。

| コンポジットの
金　星 | 愛情と願望。2人が一緒にいると、どんなことを望み、どんなことに幸せを感じるかを表す。 |

各サインとその意味

牡羊座の金星	欲望に忠実。2人にとって必要な物があれば、積極的につかみに行く。愛情表現は情熱的。
牡牛座の金星	貪欲に快楽と愛情を追究する。本当に価値のあるものに囲まれて生きることに幸せを感じる。
双子座の金星	執着がない。飽きっぽいので、楽しいことは多い方が幸せ。愛情面では浮気の可能性も大。
蟹座の金星	感情的な豊かさを重視。2人がカップルなら「お金がなくても愛があれば幸せ」という傾向が強い。
獅子座の金星	ダイナミックな幸せを求める。2人が一緒にいると、夢も希望も愛情も大きく膨らんでいく。
乙女座の金星	パーフェクトな幸せを追究する。完璧主義の2人は、お金も愛情も満足できるレベルを目指す。
天秤座の金星	興味や愛情の対象が移り変わる。2人にとって「欲しい物」や「幸せの形」はその都度変化する。
蠍座の金星	欲望の泉。2人が一緒にいると、欲望が尽きない。深く濃い愛情を永遠に持ち続ける。
射手座の金星	理想は「楽しく生きること」。2人は一緒に、嬉しいことや愉快なことを積極的に追究し続ける。
山羊座の金星	安定を願う。2人は「安心して生きていく」ことを最も重視し、金銭面も愛情面も冒険はしない。
水瓶座の金星	変化を楽しむ。2人は決まった目標やルールを作らず、自由に生きることに幸せを感じる。
魚座の金星	感動的な人生を願う。2人が一緒だと、物質的な満足よりも、魂が震えるような体験を望む。

♂ コンポジットの火星
エネルギー。2人が一緒にいると、どんなことに力を注ぐのか、その能力と傾向を表す。

各サインとその意味

牡羊座の火星	スピーディーかつエネルギッシュに新しいことに挑戦。素晴らしいリーダーシップを発揮する。
牡牛座の火星	抜群の持続力がある。2人が一緒だとタフになり、エネルギーを長時間キープすることができる。
双子座の火星	フレキシブルに力を発揮する。2人が一緒だと、時と場合によってエネルギーの出し方が変わる。
蟹座の火星	身内に関する事に多大なエネルギーを注ぐ。一方、興味のないことにはあまり力を使わない。
獅子座の火星	楽しいことなら頑張れる。2人に関することだけでなく、周囲を喜ばせるためにエネルギーを使う。
乙女座の火星	心地良い環境を整えることに尽力。2人が一緒に作業すると、細かい部分まで完璧に仕上げる。
天秤座の火星	プロデューサー的な立場で力を発揮する。他者の仕事をサポートして、その成功に貢献する。
蠍座の火星	マグマのようなエネルギーが生まれる。2人が一緒だと粘り強く力を発揮し、決して諦めない。
射手座の火星	集中力を発揮する。ターゲットやテーマを一つに絞り、2人が一緒にトコトンそれを追究する。
山羊座の火星	目標達成に向けて邁進する。2人が一緒だと強い野心が生まれ、成功するために全力を注ぐ。
水瓶座の火星	器用にエネルギーを使う。2人が一緒に複数のプロジェクトを一度に手掛け、同時進行する。
魚座の火星	エネルギーが不安定になる。2人が一緒だと、物質的なことよりも精神的なことにパワーを使う。

♃ コンポジットの木星

成長と発展。2人が一緒にいると、どのように勢いが広がるのか、その方向性と傾向を表す。

各サインとその意味

牡羊座の木星	スピーディーに目まぐるしく発展する。2人が一緒にいると、突発的で勢い良く事態が伸展する。
牡牛座の木星	ゆっくりと、でも確実に成長する。2人が一緒だと、定期的に安定した発展を見込める。
双子座の木星	穏やかに発展する。2人が一緒だと、身の丈に合ったペースで無理なく成長していく。
蟹座の木星	じわじわと勢いづきながら成長する。2人でペースを合わせながら進んでいく。
獅子座の木星	大きなスケールで発展する。2人で意欲的に成長を目指すが、大げさになりすぎることも。
乙女座の木星	着々と発展する。緻密な計算を元にコツコツと努力し、2人で一緒に一歩ずつ成長していく。
天秤座の木星	のびのびと発展していく。周囲とのバランスを見ながら、2人で一緒に大きな一歩を踏み出す。
蠍座の木星	水面下で発展を遂げる。2人が一緒だと注意深くなるため、人知れず秘かに勢力を拡大する。
射手座の木星	自由に勢いよく発展する。2人が一緒に「ここではないどこか」を目指し、冒険を通して成長する。
山羊座の木星	大器晩成。2人が一緒だと優れた策略が生まれる。時間はかかるが最終的に大きな発展を遂げる。
水瓶座の木星	多方面で発展する。2人が一緒にいると活躍の場が広がり、あらゆる分野で成長できる。
魚座の木星	発展の可能性は無限大。未知の領域まで勢いが広がるが、収集がつかなくなることもある。

コンポジットの土星

具体性と計画性。2人が一緒にいると、現実的にどのように動くのかという傾向を表す。

各サインとその意味

牡羊座の土星	スピーディーに挑戦的な計画を立てる。いざ実現に向けて動き出すと、思い通りに進まない。
牡牛座の土星	慎重に計画を練る。実現性は高いが、2人のこだわりが強すぎると完成まで時間がかかる。
双子座の土星	確かなコミュニケーションで具体的な話を進める。雄弁に計画を語り、説得力が増す。
蟹座の土星	具体性はないが、感情的なアピール力は抜群。2人は一緒に情に訴えかけ、計画を進める。
獅子座の土星	力ずくで計画を進める。2人が一緒だと大風呂敷を広げがちだが、意欲的に計画を完遂する。
乙女座の土星	緻密に計画を立てる。2人が一緒に何度もシミュレーションし、完璧な手順で達成を目指す。
天秤座の土星	全体のバランスを考えて計画を立てる。2人だけでなく、計画に関わるすべての人が満足するように動く。
蠍座の土星	秘密裏に計画を立てる。目立たないよう関係者への根回しに動くなど、水面下で暗躍する。
射手座の土星	計画を立てるのは苦手。ただし、魅力的なテーマが見つかれば、寝食を忘れて没頭する。
山羊座の土星	完璧な計画を立てる。2人が一緒なら鬼に金棒。万難を排して、精力的に目標を達成する。
水瓶座の土星	豊富なネットワークを生かす。2人だけではなく、大勢の仲間の力を借りて計画を進める。
魚座の土星	夢のような計画を立てるので具体性に欠ける。2人が一緒だと現実味がなくなり、計画は宙に浮く。

コンポジットの天王星

変化とスピード。ハプニングが起きた時、2人がどれくらい柔軟に対応できるかを表す。

各サインとその意味

牡羊座の天王星	ハプニングが起きてもとっさに対応できる。もともと変化の多い2人なので、突発的な出来事に慣れている。
牡牛座の天王星	ハプニングが起きると固まってしまう。一方、2人の価値観がガラリと変われば、柔軟性が生まれる。
双子座の天王星	ハプニングに強い。柔軟な感性を持つ2人なので、大きな事件が起きてもフレキシブルに対応できる。
蟹座の天王星	ハプニングが起きるとパニックに陥る。2人で冷静さを失い、落ち込んだり泣いたり大騒ぎになる。
獅子座の天王星	ハプニングを楽しめる。柔軟性はないが、2人が一緒だと勇気が湧いてトラブルを乗り越えられる。
乙女座の天王星	ハプニングに弱い。2人が一緒だと綿密に計算して行動するので、突発的な展開には対処不能。
天秤座の天王星	ハプニングに上手く対応する。バランス感覚が優れており、突然の出来事にも柔軟に対処できる。
蠍座の天王星	ハプニングを超越する。2人が一緒だとタフさが増して、トラブルを飲み込んでしまう強さがある。
射手座の天王星	ハプニングを原動力にできる。2人にとって突然の変化は「ジャンプ台」。飛躍のきっかけになる。
山羊座の天王星	ハプニングは苦手だが、上手く収める。2人が一緒だと危機管理は万全なので、慌てず対応できる。
水瓶座の天王星	ハプニング大好き。常に面白い展開を考えている2人にとって、突発的な出来事は格好のネタに。
魚座の天王星	ハプニングもどこ吹く風。独特な世界に生きている2人は、突発的な変化に気づかないことも。

| コンポジットの海王星 | 夢と希望。2人が一緒にいると、どのような夢を描き、希望を抱くのかという傾向を表す。 |

各サインとその意味

牡羊座の海王星	この惑星配置は20世紀には全く起こらず、21世紀にもほとんど起こらない。
牡牛座の海王星	この惑星配置は20世紀には全く起こらず、21世紀にもほとんど起こらない。
双子座の海王星	2人が一緒にいると旺盛な好奇心が生まれ、刺激的で楽しい毎日を送ることに希望を見いだす。
蟹座の海王星	日常生活の中に希望を見いだす。2人が一緒に過ごす平凡で平和な日々に幸せを感じる。
獅子座の海王星	ワクワクするような出来事に希望を抱く。2人が一緒にいると、子供のようにピュアな夢を描く。
乙女座の海王星	純粋な夢を持つのが苦手。2人が一緒だと「本当に夢を実現できるのか」という不安が先立つ。
天秤座の海王星	大勢の人に囲まれて夢を抱く。2人が一緒だと人付き合いが活発になり、そこに希望を見いだす。
蠍座の海王星	2人が一緒に抱く夢は曖昧な「理想」ではなく、絶対に実現させたい「信念」である。
射手座の海王星	2人にとって夢や希望は、生きる原動力。まるで空気のように必要不可欠なものである。
山羊座の海王星	夢や希望を現実的にとらえる。2人にとって、夢は「目標」、希望は「責任」に変わるものである。
水瓶座の海王星	この惑星配置は20世紀には全く起こらず、21世紀にもほとんど起こらない。
魚座の海王星	この惑星配置は20世紀には全く起こらず、21世紀にもほとんど起こらない。

B コンポジットの冥王星

徹底力と再生力。2人が一緒にいると、どのように底力を発揮するのかという傾向を表す。

各サインとその意味

牡羊座の冥王星	この惑星配置は20世紀には全く起こらず、21世紀にもほとんど起こらない。
牡牛座の冥王星	この惑星配置は20世紀には全く起こらず、21世紀にもほとんど起こらない。
双子座の冥王星	迷いが出ると底力を発揮できない。多くの選択肢を持つことでリスクを分散させる方法を選ぶ。
蟹 座 の 冥王星	大切なものを守るための底力は強い。身内意識が強い2人は、味方を裏切らない。
獅子座の冥王星	開き直ると強い。2人が一緒だとプライドが邪魔をするが、それを捨てればピンチを乗り越えられる。
乙女座の冥王星	「木を見て森を見ず」になりがち。2人が一緒に大局的な状況を俯瞰すれば、サバイバルできる。
天秤座の冥王星	中立的な立場を死守すれば勝てる。流されることなく、2人一緒にバランスを保てば生き残れる。
蠍 座 の 冥王星	究極的な底力を発揮する。2人が一緒なら恐いもの知らず。最後までサバイバルすることができる。
射手座の冥王星	強い信念が底力に変わる。2人が一緒に信じているものが精神的な支柱となり、ピンチを救う。
山羊座の冥王星	この惑星配置は20世紀には全く起こらず、21世紀にもほとんど起こらない。
水瓶座の冥王星	この惑星配置は20世紀には全く起こらず、21世紀にもほとんど起こらない。
魚 座 の 冥王星	この惑星配置は20世紀には全く起こらず、21世紀にもほとんど起こらない。

コンポジットの アセンダント

2人の第一印象。周囲にどのようなイメージを与えるかを表す。

各サインとその意味

牡羊座の アセンダント	活発で勢いのある印象。2人が一緒にいると周囲に強いインパクトを与える。
牡牛座の アセンダント	不動のオーラを示す。一見地味で目立たない2人だが、強い意志を感じさせる。
双子座の アセンダント	フレンドリーでおしゃべりな印象。2人が一緒にいると、楽しい雰囲気で話しかけやすい。
蟹座の アセンダント	優しく親しみやすい印象。2人が親密すぎて、相手に疎外感を与えることもある。
獅子座の アセンダント	華やかな印象。2人が一緒にいるとその場がパッと明るくなり、陽気なムードが漂う。
乙女座の アセンダント	几帳面できちんとしている印象。繊細そうな2人なので、気楽に話しかけにくい雰囲気がある。
天秤座の アセンダント	社交的で話しかけやすい印象。2人はとても仲が良く、いつでも一緒にいるイメージ。
蠍座の アセンダント	ポーカーフェイスな印象。2人だけの秘密があるような、ミステリアスなイメージ。
射手座の アセンダント	スポーティーでアクティブな印象。とても楽しくて親しみやすい2人なので、好感度が高い。
山羊座の アセンダント	知的で真面目な印象。2人が一緒にいると堂々としていて、少し威圧的な雰囲気がある。
水瓶座の アセンダント	クールで知的な印象。気持ち良く付き合える2人だが、周囲と慣れ合わない雰囲気がある。
魚座の アセンダント	つかみどころのない印象。2人が一緒にいると不思議なムードが漂う。

コンポジットの**ドラゴンヘッド**	使命。2人が一緒にいると、どのようなことに情熱を傾け、その成果を還元できるかを表す。

各サインとその意味

牡羊座の ドラゴンヘッド	人々を新しい世界へ導くことに情熱を傾ける。2人は一緒に矢面に立ち、リーダー役として活躍する。
牡牛座の ドラゴンヘッド	豊かな暮らしの実現に情熱を傾ける。人々がより良い生活を送れるように、2人で尽力する。
双子座の ドラゴンヘッド	コミュニケーションの充実に情熱を傾ける。2人が媒介となり、スムーズなやりとりを目指す。
蟹座の ドラゴンヘッド	安心感を得ることに情熱を傾ける。身近な人々が憩える「心のシェルター」を作ることに注力する。
獅子座の ドラゴンヘッド	明るい雰囲気作りに情熱を傾ける。場を盛り上げ、みんなを楽しませようと、2人で活躍する。
乙女座の ドラゴンヘッド	人々のフォローに情熱を傾ける。2人で細かい気配りをし、重大なミスを未然に防ごうとする。
天秤座の ドラゴンヘッド	人と人をつなぐことに情熱を傾ける。2人がキッカケを作ることで、新しい出会いが生まれる。
蠍座の ドラゴンヘッド	強い絆を結ぶことに情熱を傾ける。一心同体で頑張る2人の姿が、人々の心を揺さぶる。
射手座の ドラゴンヘッド	不可能を可能にすることに情熱を傾ける。諦めない2人の姿が、人々に夢と希望を与える。
山羊座の ドラゴンヘッド	社会に役立つ仕事をすることに情熱を傾ける。2人で地道な努力を続け、目標を達成する。
水瓶座の ドラゴンヘッド	偏見のない社会作りに情熱を傾ける。古い考え方を2人で打ち破り、新しい価値観を提案する。
魚座の ドラゴンヘッド	豊かな心を育むことに情熱を傾ける。人々の心の安定を願い、2人で精神的な活動をする。

コンポジットの**ドラゴンテイル**

解放。2人が一緒にいると、何を手放し、どのようなことを諦めるか、という傾向を表す。

各サインとその意味

牡羊座のドラゴンテイル	競争からの解放。2人が一緒だとリーダーシップを放棄し、優位に立つことを諦める。
牡牛座のドラゴンテイル	所有からの解放。2人が一緒だと物質への執着が減り、自分達の持ち物に固執しなくなる。
双子座のドラゴンテイル	流行からの解放。2人が一緒だとスピーディーに動くことを諦め、新しい情報に無頓着になる。
蟹座のドラゴンテイル	ルーツからの解放。2人が一緒だと家族や故郷からの影響を断ち、しがらみを手放すようになる。
獅子座のドラゴンテイル	プライドからの解放。2人が一緒だと自尊心を手放し、注目や称賛を浴びることを諦める。
乙女座のドラゴンテイル	完璧主義からの解放。2人が一緒だとパーフェクトな達成を諦め、結果の是非を問わなくなる。
天秤座のドラゴンテイル	協調からの解放。2人が一緒だと人目を気にしたり、空気を読んで行動したりすることを止める。
蠍座のドラゴンテイル	執着からの解放。2人が一緒だと特定のことにこだわるのを止め、欲望や嫉妬を手放す。
射手座のドラゴンテイル	理想からの解放。2人が一緒だと夢や希望を手放し、無茶な冒険をしなくなる。
山羊座のドラゴンテイル	支配からの解放。2人が一緒だと人の上に立ち、社会に大きな影響力を持つことを諦める。
水瓶座のドラゴンテイル	ネットワークからの解放。2人が一緒だと、多くの仲間から理解・支持されることを諦める。
魚座のドラゴンテイル	夢の世界からの解放。2人が一緒だと幻想や空想を止め、現実逃避を諦める。

Basic data 2 コンポジット惑星とハウス

◉ コンポジットの 太 陽 | どのような場面や環境で2人が好相性となり、良い関係を築けるかを表します。

各ハウスとその意味

1ハウスの太陽	マンツーマンで向き合う場面や、本音で話し合えるような環境なら、良い関係を築ける。
2ハウスの太陽	末永く良い関係を育める。特に仕事のパートナーとしては好相性。恋愛なら、体の相性が抜群。
3ハウスの太陽	自由なコミュニケーションを通じて良い関係を築ける。親友として強い友情を育める相性。
4ハウスの太陽	生まれ育った場所や出身校が同じなど、2人の背景に共通点があると仲良くなれる相性。
5ハウスの太陽	とても相性が良い理想的な関係。2人がプライベートな関係、特に恋人同士なら相性ピッタリ。
6ハウスの太陽	協調が難しい関係。相手の粗探しをしてしまいがち。特に夫婦の場合はぶつかりやすい。
7ハウスの太陽	素晴らしいパートナーシップを育める相性。仕事でもプライベートでも、良い関係を築ける。
8ハウスの太陽	困難な場面で力を合わせることができる関係。2人だけの体験を共有することで強い絆を育む。
9ハウスの太陽	共通の目的があると良い関係を築ける。特に、共同研究など学問の分野でペアを組むと最強。
10ハウスの太陽	主にビジネスの場面での相性が抜群。この2人が手を組むと、成果を出すことができる。
11ハウスの太陽	親友として良い関係を育める。付かず離れず、末永く付き合える。結婚相手としての相性も良い。
12ハウスの太陽	不安定な相性。誤解やすれ違いが多く、つかみどころがない。恋人ならロマンティックな関係に。

コンポジットの月	どのような場面や環境で2人の感受性が高まり、心が動くのか、その傾向を表す。

各ハウスとその意味

1ハウスの月	初めての場所や新しい環境。率直な感情が表情に出るので、隠し事ができない。
2ハウスの月	自然いっぱいの豊かな環境。2人の五感が刺激されて本能が解放され、感受性も高まる。
3ハウスの月	にぎやかな場所。自由に話をしてもよい場面なら、2人の心はいきいきとしてくる。
4ハウスの月	アットホームな環境。自宅や実家などの慣れ親しんだ場所なら、リラックスできる。
5ハウスの月	人から注目される場面。2人とも解放的で嬉しい気分になり、反応も大きくなる。
6ハウスの月	職場や病院など真面目な雰囲気の場所。少し緊張感がある環境が心地良い。
7ハウスの月	おしゃれな雰囲気の場所。話し上手な相手がいれば、2人ともリラックスして楽しめる。
8ハウスの月	静かで薄暗い場所。少し重い雰囲気の方が、2人とも落ち着いた気分で過ごせる。
9ハウスの月	知的好奇心を刺激される環境。海外に関する場所でも心がオープンになる。
10ハウスの月	会社など組織がしっかりしている環境。歴史と伝統を感じるような場所でも落ち着ける。
11ハウスの月	人がたくさん集まる場所。予想外の面白い展開が期待できる環境で、2人の心が元気になる。
12ハウスの月	秘密の場所。2人だけが知っている静かな隠れ家にいると、心が癒やされ素直になれる。

| コンポジットの水星 | どのような場面や環境で2人の思考やコミュニケーションが活発になるのか、その傾向を表す。 |

各ハウスとその意味

1ハウスの水星	新しいことを始める時。初めての場面で2人の頭がフル回転。コミュニケーションも活発に。
2ハウスの水星	スローテンポな環境。慎重に言葉を選んで話せるような場面なら、2人で中身の濃い話ができる。
3ハウスの水星	友達がたくさんいる場面。思いついたことをすぐ口にして、おしゃべりが止まらなくなる。
4ハウスの水星	家族や親友など、気の置けない人達と一緒にいる時。お互いのアイデアをしっかり共有できる。
5ハウスの水星	にぎやかな環境。ガヤガヤしている場所で2人の会話が弾み、良いアイデアをひらめく。
6ハウスの水星	体を動かしている時。一緒にスポーツをすると、2人のコミュニケーションがスムーズになる。
7ハウスの水星	2人きりで会話している時。よく聞き、よく話すことで、密度の濃いコミュニケーションができる。
8ハウスの水星	噂話や打ち明け話など、秘密の相談が行われている場面。洞察力が鋭くなり、深読みをする。
9ハウスの水星	ワイルドな環境。ドキドキする場所に行くと、興奮してコミュニケーションが活発になる。
10ハウスの水星	緊張感のある環境。難しい用語が飛び交うような場面で、2人の頭脳がフル回転する。
11ハウスの水星	多種多様な人が集まっている場面。2人の知性が刺激され、話題が多方面に広がっていく。
12ハウスの水星	非日常的な環境。普段は出入りしない場所や不思議な雰囲気の場所で、2人はおしゃべりになる。

♀ コンポジットの金星

どのような場面や環境で2人の愛情が強くなるのか、その傾向を表す。

各ハウスとその意味

1ハウスの金星	初めての体験に挑戦する時や、心機一転スタートを切るような場面で愛情が強くなる。
2ハウスの金星	才能やお金に関する場面で2人の愛情が強くなる。食事中やセックス中も愛情を確認できる。
3ハウスの金星	コミュニケーションに関する場面、会話や読書、情報交換の最中に2人の愛情が強くなる。
4ハウスの金星	くつろげる場所にいる時や親しい人とリラックスしている場面で、2人の愛情が強くなる。
5ハウスの金星	クリエイティブなことをしている場面や、大勢の人から注目される環境で、2人の愛情が強くなる。
6ハウスの金星	勉強や仕事の場面や、病院やスポーツジムなど健康に関する場所で、2人の愛情が強くなる。
7ハウスの金星	2人がマンツーマンで向き合う場面で2人の愛情が強くなる。結婚の際にも愛情を再確認する。
8ハウスの金星	秘密の場所や生死に関わる場面で愛情が強くなる。2人だけの世界に浸って、さらに愛を深める。
9ハウスの金星	海外や初めて訪れる場所、宗教や哲学を意識するような環境で、2人の愛情が強くなる。
10ハウスの金星	社会的な場所や公式の環境、結果を出すことを求められる場面で、2人の愛情が強くなる。
11ハウスの金星	友達と集まっている時や人がたくさん集まる場所など、刺激的な場面で2人の愛情が強くなる。
12ハウスの金星	共に夢を追いかけている時、心の中に秘かな理想や不安を抱えている場面で、2人の愛情が強くなる。

♂ コンポジットの火星

どのような場面や環境で2人のエネルギーが高まるのか、その傾向を表す。

各ハウスとその意味

1ハウスの火星	2人がパイオニア精神を刺激されるような場面で瞬発力を発揮する。一度熱中すると全力を注ぐ。
2ハウスの火星	安定した場面で持続的なエネルギーを発揮。2人の能力を発揮できるテーマに、腰を据えて取り組む。
3ハウスの火星	会話が盛り上がったり、情報交換をしたりする場面で、2人のエネルギーが高まる。
4ハウスの火星	守備や保護のために力を使う。2人にとって大切な人やものを守るためにエネルギーを発揮する。
5ハウスの火星	周囲の人を盛り上げ、元気づけたい時に、2人のパワフルなエネルギーを発揮する。
6ハウスの火星	不具合な物や調子が悪い人のケアが必要な場面で、2人はサポート力を発揮する。
7ハウスの火星	相反するエネルギーのバランスを整えたい場面で、2人が仲裁者となって交渉力を発揮する。
8ハウスの火星	諦めてはいけない場面で、粘り強さを発揮する。2人で一心同体となってエネルギーを注ぐ。
9ハウスの火星	勇気や挑戦が必要な場面で、飛躍力を発揮する。2人が一緒だと、高く遠く飛ぶことができる。
10ハウスの火星	プレッシャーがかかる場面でエネルギーを発揮する。2人が一緒だと大きな影響力が生まれる。
11ハウスの火星	最先端の技術や流行が生まれる場面でエネルギーを発揮する。2人で四方八方に力を注ぐ。
12ハウスの火星	誰も気づかない場所で潜在的なエネルギーを発揮する。2人が一緒だと、水面下で影響を与える。

コンポジットの木星

どのような場面や環境で2人が成長と発展を遂げるのか、その傾向を表す。

各ハウスとその意味

1ハウスの木星	新しい環境で広く認知される場面や、周囲に強烈なインパクトを与える場面で、2人は成長する。
2ハウスの木星	感性を豊かに育むことができる場面、身体的な感覚や機能が発達するような環境で、2人は成長する。
3ハウスの木星	知的な雰囲気が漂う場面、好奇心が刺激され、表現力や学力が伸びる環境で、2人は成長する。
4ハウスの木星	アットホームな雰囲気で2人の可能性が広がり、居心地の良い環境で成長する。
5ハウスの木星	クリエイティブな環境で2人の才能が開花し、明るく楽しい場面でいきいきと成長する。
6ハウスの木星	緊張感のある場面や、繊細で丁寧な仕事を期待される環境で、2人の長所が生かされる。
7ハウスの木星	柔軟な対応を求められる場面や、状況が目まぐるしく変わる環境で、2人は成長する。
8ハウスの木星	特定のテーマを深く掘り下げたい場合や、諦めてはいけない局面で、2人の魂が成長する。
9ハウスの木星	ワクワクするような場面や、のびのびと自由に動ける環境で、2人はぐんぐん成長する。
10ハウスの木星	努力が必要な場面や、緊張感が漂う環境など、プレッシャーがかかると2人は成長する。
11ハウスの木星	今まで見たこともない未知の世界や刺激的な環境に放りこまれると、2人は急成長を遂げる。
12ハウスの木星	周囲の人達と言葉が通じない環境や、想像力が必要な場面で、2人の魂が成長する。

	コンポジットの 土星	どのような場面や環境で2人は試練を感じるのか、その傾向を表す。

各ハウスとその意味

1ハウスの土星	主体性を求められる場面や、すべて自分達で決める必要がある場合に、2人は試練を感じる。
2ハウスの土星	金銭的な問題を抱えている場合や、身体的な心配事がある場合に、2人は試練を感じる。
3ハウスの土星	常に発言を求められるような環境や、目まぐるしく情報が飛び交う場面で、2人は試練を感じる。
4ハウスの土星	保守的で排他的な環境や、穏やかすぎて全く刺激のない場面で、2人は試練を感じる。
5ハウスの土星	若者や子供がたくさんいる環境や、派手でにぎやかな雰囲気の中で、2人は試練を感じる。
6ハウスの土星	細かい部分まで目配りが必要な場面や、完璧を求められる環境で、2人は試練を感じる。
7ハウスの土星	恋愛や結婚の問題に直面した時や、契約や交渉など折衝が必要な場面で、2人は試練を感じる。
8ハウスの土星	自分達だけの世界に他者が深く踏み込んでくるような場面で、2人は試練を感じる。
9ハウスの土星	集中力が必要な場面や、専門性を求められるような環境で、2人は試練を感じる。
10ハウスの土星	堅い雰囲気の場所や、実力者や権力者が集まる威圧的な場面で、2人は試練を感じる。
11ハウスの土星	変化が多くて慌ただしい環境や、瞬発力を求められるような場面で、2人は試練を感じる。
12ハウスの土星	曖昧でハッキリしない場面や、つかみどころのない人が多い環境で、2人は試練を感じる。

コンポジットの天王星

どのような場面や環境で2人は刺激を感じ、変化するのか、その傾向を表す。

各ハウスとその意味

1ハウスの天王星	スピード感が溢れる場面で2人は刺激を感じる。環境が目まぐるしく変化しても、素早く対応する。
2ハウスの天王星	才能溢れる人物が集まる場面や、五感を刺激される環境で、2人は新鮮な刺激を得る。
3ハウスの天王星	フレンドリーな雰囲気で会話が弾む環境や、楽しい情報が飛び交う場面で、2人は刺激を感じる。
4ハウスの天王星	リラックスした雰囲気の場所や、アットホームな環境で、2人は新鮮な刺激を感じて変化する。
5ハウスの天王星	イベントやパーティーなど華やかな場所や、にぎやかなお祭りムードの中、2人は刺激を感じる。
6ハウスの天王星	調整が必要な場面や、デリケートな配慮が求められる環境で、2人は状況を変えたくなる。
7ハウスの天王星	周囲とのコミュニケーションやフレキシブルな対応を求められる場面で、2人は刺激を感じる。
8ハウスの天王星	根回しが必要な場面や、水面下で動かなければならない環境で、2人は刺激を感じる。
9ハウスの天王星	集中力が必要な場面や、スピードを求められるような環境で、2人は刺激を感じる。
10ハウスの天王星	大勢の人から注目される状況や、リーダーシップを求められる環境で、2人は刺激を感じる。
11ハウスの天王星	グローバルな雰囲気の場所や、最先端の技術に触れられる環境で、2人は刺激を感じる。
12ハウスの天王星	想像力を刺激されるような場所や、心を癒やされる環境で、2人は変化していく。

♆ コンポジットの海王星 | どのような場面や環境で2人は夢や希望を抱くのか、その傾向を表す。

各ハウスとその意味

1ハウスの海王星	人々の先頭を切って走り、新しい道を切り開くような場面で、2人は前向きな夢や希望を抱く。
2ハウスの海王星	能力や財産など、2人に備わった大切な物や資源について考える場面で、夢や希望を抱く。
3ハウスの海王星	兄弟姉妹や友達など、気の置けない人達と楽しく会話する場面で、夢や希望を抱く。
4ハウスの海王星	自宅や実家など、リラックスして過ごせる場所にいる時に、2人は夢や希望を抱く。
5ハウスの海王星	晴れ舞台で活躍するなど、大勢の人達から注目される場面で、2人は夢や希望を抱く。
6ハウスの海王星	清潔感のある快適な環境や、物事が順調に進んでいる状況で、2人は夢や希望を抱く。
7ハウスの海王星	一緒に力を合わせるパートナーや切磋琢磨できるライバルがいる環境で、2人は夢や希望を抱く。
8ハウスの海王星	究極の選択を迫られるような状況や極限状態に直面した時に、2人は夢や希望を抱く。
9ハウスの海王星	異業種の人達と交流できる場所や、海外の異文化に触れる環境で、2人は夢や希望を抱く。
10ハウスの海王星	責任ある役割を任される場面や、高いハードルを設定された場合に、2人は夢や希望を抱く。
11ハウスの海王星	大勢の人々と同時に交流できる場所や、グローバルな雰囲気の環境で、2人は夢や希望を抱く。
12ハウスの海王星	幻想的な場面やミステリアスな場所や、ロマンティックな雰囲気の中で、2人は夢や希望を抱く。

コンポジットの冥王星

どのような場面や環境で2人は底力を発揮するのか、その傾向を表す。

各ハウスとその意味

1ハウスの冥王星	初めてのことに挑戦する場面や、他人を頼れない環境で、2人は底力を発揮する。
2ハウスの冥王星	金銭的な問題に直面した場合や、自分達の能力を伸ばしたい時に、2人は底力を発揮する。
3ハウスの冥王星	さまざまな情報が飛び交う場面や、コミュニケーションが活発な環境で、2人は底力を発揮する。
4ハウスの冥王星	守るべきものがある場合や、家族の問題に直面した場面で、2人は底力を発揮する。
5ハウスの冥王星	子供達がたくさん集まる場所や、ユーモアを求められる場面で、2人は底力を発揮する。
6ハウスの冥王星	時間通りに計画を進める必要がある場面や、規律を求められる環境で、2人は底力を発揮する。
7ハウスの冥王星	人間関係に配慮が必要な環境や、社交性を求められる場面で、2人は底力を発揮する。
8ハウスの冥王星	裏読み能力が必要な状況や、中途半端なやり方が許されない場面で、2人は底力を発揮する。
9ハウスの冥王星	冒険心をくすぐられるような環境や、勇気が必要な場面で、2人は底力を発揮する。
10ハウスの冥王星	実力者や年長者が集まる場所や、大勢の人々から注目される状況で、2人は底力を発揮する。
11ハウスの冥王星	大勢の人々が一堂に会する場面や、流行の最先端にいる状況で、2人は底力を発揮する。
12ハウスの冥王星	秘密を抱えている場合や、内緒で物事を進める必要がある場面で、2人は底力を発揮する。

コンポジットの アセンダント

どのような場面や環境で2人の存在を周囲に印象づけることができるのか、その傾向を表す。

各ハウスとその意味

1ハウスの アセンダント	積極的に活躍し、リーダーシップを発揮している場面で、2人の存在を周囲に印象づける。
2ハウスの アセンダント	地に足の着いた堅実な姿勢を求められる場面で、2人の存在を周囲に印象づける。
3ハウスの アセンダント	フレキシブルな応対や素早い決断が必要な場面で、2人の存在を周囲に印象づける。
4ハウスの アセンダント	困っている人を助けたり、ケアしたりする場面で、2人の存在を周囲に印象づける。
5ハウスの アセンダント	オープンな雰囲気の場所や、陽の当たる明るい環境で、2人の存在を周囲に印象づける。
6ハウスの アセンダント	緻密な計算が必要な状況や、テキパキと仕事が進む環境で、2人の存在を周囲に印象づける。
7ハウスの アセンダント	平和な雰囲気の場所や、メンバー同士の交流が必要な環境で、2人の存在を周囲に印象づける。
8ハウスの アセンダント	洞察力を求められる環境や、スタミナが必要な場面で、2人の存在を周囲に印象づける。
9ハウスの アセンダント	専門性が必要な環境や、積極的な姿勢を期待される場面で、2人の存在を周囲に印象づける。
10ハウスの アセンダント	自信に満ち溢れ、堂々とした言動を求められる場面で、2人の存在を周囲に印象づける。
11ハウスの アセンダント	斬新なアイデアが必要な状況や、大勢の人々が集う場面で、2人の存在を周囲に印象づける。
12ハウスの アセンダント	知る人ぞ知るアングラな世界や、秘密めいた場所で、2人の存在を周囲に印象づける。

| コンポジットの **ドラゴンヘッド** | 2人が一緒にいると、どのような欲求が生まれ、それを満たそうとするのか、その傾向を表す。 |

各ハウスとその意味

1ハウスの ドラゴンヘッド	「常に1番でいたい」という欲求が生まれる。2人で先頭を走ることで、その欲求を満たそうとする。
2ハウスの ドラゴンヘッド	2人が一緒だと所有欲が強くなり、「欲しいものをすべて手に入れたい」という欲求が生まれる。
3ハウスの ドラゴンヘッド	好奇心が旺盛になる。興味があることに2人で手当たり次第に手をつけ、やり散らかす。
4ハウスの ドラゴンヘッド	「安心して暮らしたい」という欲求が生まれる。親しい人だけとしか付き合わない傾向が出てくる。
5ハウスの ドラゴンヘッド	2人が一緒だと「ちやほやされたい」という欲求が強くなり、褒められることに無上の喜びを感じる。
6ハウスの ドラゴンヘッド	「きちんとしていること」「清潔であること」が鉄則の2人は、完璧主義で潔癖症になる傾向がある。
7ハウスの ドラゴンヘッド	2人が一緒だと「客観的な価値基準」が欲しくなり、自分達以外の「他者」の意見を重視する。
8ハウスの ドラゴンヘッド	2人が一緒だと何事にも貪欲になる。特に性的な欲求が強く、心身ともに深い絆を結ぼうとする。
9ハウスの ドラゴンヘッド	2人が一緒だと追究心が強くなる。気になる分野をどこまでも掘り下げ、寝食を忘れて没頭する。
10ハウスの ドラゴンヘッド	2人が一緒だと野心が強くなる。目標達成のために全身全霊をかけ、ものすごい努力をする。
11ハウスの ドラゴンヘッド	2人が一緒だと大勢の人々とつながりたいという欲求が生まれ、世界中にネットワークを広げる。
12ハウスの ドラゴンヘッド	「困っている人の役に立ちたい」という欲求が生まれ、2人でボランティア活動に没頭する。

コンポジットの ドラゴンテイル

どのような場面や環境で2人の心は解放されるのか、その傾向を表す。

各ハウスとその意味

1ハウスの ドラゴンテイル	「いつでも先頭で走っていたい」という自己顕示欲を諦めた時、2人の心は解放される。
2ハウスの ドラゴンテイル	負債を返済するなど、人からの「借り」を返した時、2人はプレッシャーから解放される。
3ハウスの ドラゴンテイル	「たくさん友達がいないと寂しい」という思い込みから解放された時、2人の心は自由になる。
4ハウスの ドラゴンテイル	血縁者や過去にお世話になった人からの束縛から解放された時、2人の心は自由になる。
5ハウスの ドラゴンテイル	プライドを思い切り傷つけられ、開き直ることができた時、2人は自己顕示欲から解き放たれる。
6ハウスの ドラゴンテイル	「常に完璧でいなければならない」という脅迫観念から解放された時、2人の心は解放される。
7ハウスの ドラゴンテイル	人の顔色や周囲の評判を気にすることを止めた時、2人の心は解放されて自由になる。
8ハウスの ドラゴンテイル	腐れ縁を解消するなど、特定の人や物に対する執着を手放した時、2人の心は自由になる。
9ハウスの ドラゴンテイル	寄り道の人生を止め、決まった場所で生きて行くことを決意した時、2人の心はラクになる。
10ハウスの ドラゴンテイル	権力に固執せず、地位や名声にこだわらなくなった時、2人の心は解放されて自由になる。
11ハウスの ドラゴンテイル	目新しい物を追いかけるのを止め、流行に振り回されなくなった時、2人の心は自由になる。
12ハウスの ドラゴンテイル	自分達の犠牲の上に成り立つ極端なボランティア活動を止めた時、2人の心は自由になる。

Basic data 3 コンポジット惑星のアスペクト

コンジャンクション

☉ 太陽のコンジャンクション

太陽と月のコンジャンクション	公私混同になりがち。2人で目指す人生のゴールがそれぞれの個人的な目標と重なる。
太陽と水星のコンジャンクション	「人生＝仕事」になりやすい。とても働き者なので、2人がビジネスパートナーなら理想的。
太陽と金星のコンジャンクション	明るい人生を送る。2人が一緒だと、仕事よりも趣味、勉強よりも恋愛など、楽しい方を優先する。
太陽と火星のコンジャンクション	エネルギッシュ。2人が一緒だと強いモチベーションで目標を達成するが、ケンカも絶えない。
太陽と木星のコンジャンクション	幸運に恵まれる。理想的なタイミングでチャンスをつかむなど、スムーズに人生が進行する。
太陽と土星のコンジャンクション	大器晩成。2人でコツコツ粘り強く努力を続けることで成果を手にし、自信もつく。
太陽と天王星のコンジャンクション	変化の多い人生。2人が一緒だと転職や引越しなどを繰り返しがちで、一箇所に留まることがない。
太陽と海王星のコンジャンクション	希望に満ちている。2人で大きな夢を見るが、それだけで満足して結果は気にしない。
太陽と冥王星のコンジャンクション	生命力が強い。転んでもタダでは起きず、2人とも燃え尽きるまでパワフルに挑戦を繰り返す。
太陽とアセンダントのコンジャンクション	注目されやすい。2人が一緒だと何かと目立ち、周囲の期待を集める。矢面に立つこともある。
太陽とドラゴンヘッドのコンジャンクション	運命共同体。2人が一緒だと、本人達の意志とは無関係に、成し遂げるべき使命が出てくる。
太陽とドラゴンテイルのコンジャンクション	二人三脚。2人が一緒だと、お互いに褒めたり、慰め合ったりして、支え合いながら生きていく。

月 のコンジャンクション

月と水星の **コンジャンクション**	表現力が高まる。お互いが感じていることをスムーズに言葉で表現できる。
月と金星の **コンジャンクション**	愛と美に彩られた関係。おしゃれでセンスが良い。2人が恋人同士なら仲の良いカップルになる。
月と火星の **コンジャンクション**	激しくぶつかり合う関係。お互いに感情的になりやすく、派手にケンカすることも多い。
月と木星の **コンジャンクション**	意気投合できる関係。2人が一緒にいるとリラックスしすぎて、甘えが出てくることも。
月と土星の **コンジャンクション**	息の詰まる関係。2人が一緒にいると緊張感が出てきて、ピリピリムードになりがち。
月と天王星の **コンジャンクション**	刺激の多い関係。お互いにハラハラ、ドキドキすることが多く、一緒にいると落ち着かない。
月と海王星の **コンジャンクション**	共感し合える関係。大きな夢や理想を持つ2人なので、現実的なことには疎い。
月と冥王星の **コンジャンクション**	強烈な関係。2人が一緒にいると感情的になり、怒りや恐れなど心の闇が露呈する。
月とアセンダントの **コンジャンクション**	表裏のない関係。2人が一緒だと素直になる。感情がすぐ表情に出るので、嘘をつけない。
月とドラゴンヘッドの **コンジャンクション**	課題の多い関係。2人の心の中には、いつでも共にクリアすべき大きなテーマがある。
月とドラゴンテイルの **コンジャンクション**	隠し事のできない関係。お互いの嫌な面も良い面も、すべて明らかになる。

☿ 水　星
のコンジャンクション

水星と金星の コンジャンクション	コミュニケーションで愛が深まる。ビジネスパートナーなら金銭的な成功が期待できる。
水星と火星の コンジャンクション	ケンカするほど仲が良くなる関係。2人で議論や舌戦を繰り返しながら理解を深めていく。
水星と木星の コンジャンクション	知的好奇心を刺激し合う相性。2人が一緒にいると饒舌になり、おしゃべりが止まらない。
水星と土星の コンジャンクション	言動が慎重になる。2人が仕事のパートナーなら、現実的な計画を立てて手堅く事業を進める。
水星と天王星の コンジャンクション	独特な発想力が光る。2人が一緒にいると面白いアイデアがどんどん湧いてくる。
水星と海王星の コンジャンクション	以心伝心の関係。他の人が理解できないことでも、2人ならわかり合える。
水星と冥王星の コンジャンクション	エキセントリックな関係。意気投合したと思ったら直後に決裂するなど、アップダウンが激しい。
水星とアセンダントの コンジャンクション	若々しいイメージ。2人が一緒にいると、さわやかで軽やかな印象を与える。
水星とドラゴンヘッドの コンジャンクション	発言力がある。こだわりがあるテーマを2人で追究し、その成果を発信し続ける。
水星とドラゴンテイルの コンジャンクション	失言が多い。2人が一緒だと包み隠さず本音を話し、悪口や毒舌で物議を醸す。

♀ 金星
のコンジャンクション

金星と火星の コンジャンクション	強く惹かれ合う。2人が一緒だと情熱的なムードになる。恋人同士ならセクシャルな相性も抜群。
金星と木星の コンジャンクション	愛と幸福に満ちた相性。2人が一緒だとあらゆることがスムーズに進み、幸せな雰囲気が漂う。
金星と土星の コンジャンクション	欲求不満になる。それぞれの希望が食い違う。現実的な部分での折り合いがつかず、苦しくなる。
金星と天王星の コンジャンクション	興味や愛情が長続きしない。2人が一緒だと散財が多い。恋人同士ならスピード破局のおそれあり。
金星と海王星の コンジャンクション	ロマンティックな関係。恋人同士なら2人だけの世界にどっぷり浸り、「恋は盲目」の状態が続く。
金星と冥王星の コンジャンクション	一筋縄ではいかない強烈な相性。2人が一緒だと、金銭面や恋愛面でトラブル発生のおそれあり。
金星とアセンダントの コンジャンクション	親しみやすいイメージ。2人が一緒にいると、周囲の人から自然に愛され、好感度も高い。
金星とドラゴンヘッドの コンジャンクション	金銭的に貪欲。2人が一緒だと欲望が尽きることなく、トコトン稼ごうとする。金遣いも荒くなる。
金星とドラゴンテイルの コンジャンクション	執着がない。2人が一緒だと、不要なものだけでなく、必要なものもどんどん手放す。

♂ 火　星 のコンジャンクション

火星と木星の コンジャンクション	ものすごいエネルギーが湧いてくる。2人が一緒だとパワフルになり、精力的に活躍できる。
火星と土星の コンジャンクション	葛藤が増える。2人が一緒だと遠慮が出てきて、エネルギーを上手く使うことができない。
火星と天王星の コンジャンクション	破壊的。2人が一緒だとエネルギーが一気に爆発し、取り返しのつかない結果になる。
火星と海王星の コンジャンクション	不安定。2人が一緒だと弱気になる。実力を発揮できないことも多く、上手くいかない。
火星と冥王星の コンジャンクション	犬猿の仲。2人が一緒にいると何かとぶつかりあい、激しい口論や大ゲンカが始まる。
火星とアセンダントの コンジャンクション	精力的。2人が一緒だと、周囲に明るく活発でハツラツとした印象を与える。
火星とドラゴンヘッドの コンジャンクション	情熱的で貪欲になる。2人が協力して動くことで、周囲に強烈なインパクトを与える。
火星とドラゴンテイルの コンジャンクション	空回りしがち。2人が一緒だと力の加減を間違えがちで、骨折り損のくたびれもうけに。

♃ 木星 のコンジャンクション

木星とアセンダントの コンジャンクション	可能性と選択肢が広がる。2人が一緒だと、周囲に前向きでアクティブな印象を与える。
木星とドラゴンヘッドの コンジャンクション	2人が一緒にいる限り成長と発展を続ける。誠実で情熱的に物事に打ち込む意欲が出てくる。
木星とドラゴンテイルの コンジャンクション	大放出。力や知恵、お金など、2人の持ち物や財産が空っぽになるまで、すべて出し切る。

♄ 土星 のコンジャンクション

土星とアセンダントの コンジャンクション	落ち着いたイメージ。2人が一緒だと重苦しい雰囲気が漂い、深刻な印象を与えることも。
土星とドラゴンヘッドの コンジャンクション	重い責任を背負う。2人の立場や実力では対処しきれないほどの重圧がかかる。
土星とドラゴンテイルの コンジャンクション	責任を放棄する。苦手な問題や難しい課題を2人が抱えていても、すぐに投げ出してしまう。

♅ 天王星 のコンジャンクション

天王星とアセンダントの コンジャンクション	エキセントリックな印象。「この2人はただ者ではない」と周囲に思われるような、独特な雰囲気が漂う。
天王星とドラゴンヘッドの コンジャンクション	とんでもないことをしでかす。2人が一緒だと、皆がアッと驚くようなことをして、世間を騒がせる。
天王星とドラゴンテイル のコンジャンクション	「変わりたい」という衝動が生まれる。2人が一緒だと変化が多くなり、落ち着くことがない。

海王星のコンジャンクション

海王星とアセンダントのコンジャンクション	つかみどころのない印象を与える。2人が一緒にいても存在感が薄く、忘れられてしまう。
海王星とドラゴンヘッドのコンジャンクション	夢や希望が広がる。2人が一緒だと「素晴らしいことをしたい」という願望が生まれる。
海王星とドラゴンテイルのコンジャンクション	現実逃避。2人が一緒だと、やるべきことを曖昧にしたまま逃げてしまい、事態は混乱する。

冥王星のコンジャンクション

冥王星とアセンダントのコンジャンクション	強烈なイメージ。2人が一緒だと近寄りがたいオーラが出て、恐い印象を与える。
冥王星とドラゴンヘッドのコンジャンクション	ストイックでパワフル。2人が一緒だと克己心が強くなり、達成感を得るまで絶対に諦めない。
冥王星とドラゴンテイルのコンジャンクション	絶望と希望が繰り返しやってくる。2人が「もうダメだ」と思っても、挑戦を止めることができない。

アセンダントのコンジャンクション

アセンダントとドラゴンヘッドのコンジャンクション	特別な関係。2人で一緒に力を合わせて大事業を成し遂げることで、社会に存在を認められる。
アセンダントとドラゴンテイルのコンジャンクション	清算が必要な関係。2人が長く保留にしていたことに落とし前をつけ、周囲に公表する。

✳ セクスタイル

◉ 太陽 のセクスタイル

太陽と月の セクスタイル	リラックスできる関係。あれこれ心配しなくても、自然と2人の心が通じ合い、上手くやっていける。
太陽と水星の セクスタイル	このアスペクトになることはない。
太陽と金星の セクスタイル	このアスペクトになることはない。
太陽と火星の セクスタイル	アクティブに物事に取り組むことができる。2人が一緒だとやる気が出てきて、積極的になれる。
太陽と木星の セクスタイル	新しい企画を立てるのが得意な2人。物事の大局を見ることができる。何事も過信しがちな面も。
太陽と土星の セクスタイル	努力が実りやすい。2人が一緒だと適度な緊張感があり、手応えを感じながら物事を進める。
太陽と天王星の セクスタイル	無から有を生む。2人が一緒だと奇想天外な新しいアイデアを、具体的な形にすることができる。
太陽と海王星の セクスタイル	夢を肯定する。2人が一緒にいると無意識のうちに歩幅を合わせ、理想に近い道を歩む。
太陽と冥王星の セクスタイル	打たれ強い。2人が一緒なら何があっても乗り越えられるだろうという、根拠のない自信がある。
太陽とアセンダントの セクスタイル	温かくフレンドリーな雰囲気が漂う。ほのぼのとしたムードの2人が周囲を明るく照らす。
太陽とドラゴンヘッド のセクスタイル	基本的に貪欲だがガツガツすることはない。2人で一緒に力を合わせ、静かに野心を燃やす。
太陽とドラゴンテイル のセクスタイル	お互いの存在がストッパーとなる。開き直って取り返しのつかない事態に陥るのを防ぐ。

月のセクスタイル

月と水星の セクスタイル	比較的スムーズに自分達の気持ちを言葉で伝えることができる。誤解はすぐに解消する。
月と金星の セクスタイル	静かに深い愛情を育むことができる。2人が恋人でも友人でも、優しい気持ちで向き合える。
月と火星の セクスタイル	エネルギーの宝庫。2人が一緒だと意気揚々として、パワフルな感情表現ができる。
月と木星の セクスタイル	実りの多い関係。2人がカップルなら子供ができやすく、仕事仲間なら充実した働き方ができる。
月と土星の セクスタイル	2人が一緒だと真面目で頑固になることもあるが、最終的には譲歩し合って上手くいく関係。
月と天王星の セクスタイル	新鮮な発見がある。お互いの意外な一面に驚くことが多く、飽きずに付き合える。
月と海王星の セクスタイル	心が通い合う関係。精神的なつながりが強い2人は、お互いの気持ちを自然とわかり合える。
月と冥王星の セクスタイル	精神的にたくましくなる。2人が一緒だと心がタフになり、多少のことでは動じなくなる。
月とアセンダント のセクスタイル	自然と協調できる関係。2人が一緒にいるとリアクションが似てきて、名コンビになる。
月とドラゴンヘッド のセクスタイル	2人が一緒にいるとワガママになりがち。暴走する前に自重するので大事には至らない。
月とドラゴンテイル のセクスタイル	2人が一緒にいると感情的になりがち。お互いにサポートし合って心のバランスを保とうとする。

水星のセクスタイル

水星と金星の セクスタイル	明るいコミュニケーションができる関係。「嬉しい」や「楽しい」など前向きな言葉が自然に出てくる。
水星と火星の セクスタイル	思ったことを何でも言える関係。お互いに本音をぶつけ合うので、ストレスが溜まらない。
水星と木星の セクスタイル	精神的な向上と知的な成長ができる関係。2人が一緒に知恵を絞ると、面白いアイデアが出てくる。
水星と土星の セクスタイル	お互いを理解し合うのに少し時間がかかる。2人できちんと話し合えば、最終的にわかり合える。
水星と天王星の セクスタイル	2人が一緒だと斬新なアイデアが浮かぶ。会話の展開が速いので、誤解や行き違いもある。
水星と海王星の セクスタイル	直感が冴える。2人に共通する認識があるが、それを言葉で表現するには工夫が必要。
水星と冥王星の セクスタイル	熱弁をふるう。2人が一緒だと確信が強くなり、どんな立場でもパワフルに主張をする。
水星とアセンダント のセクスタイル	2人が一緒だとフレンドリーな雰囲気が漂う。気楽に話しかけたくなるような印象を与える。
水星とドラゴンヘッド のセクスタイル	野心や願望を上手く表現する。2人が一緒だと、言葉の選び方や話し方が巧みになる。
水星とドラゴンテイル のセクスタイル	弱音を吐く。2人が一緒だと苦しい気持ちを胸にしまっておけず、すぐに不安を口にする。

♀ 金星のセクスタイル

金星と火星の セクスタイル	穏やかな愛情や友情を育める関係。2人が恋人同士なら、体の相性が抜群。
金星と木星の セクスタイル	大きなチャンスに恵まれる関係。精神的な成長と金銭的な成功が期待できる。
金星と土星の セクスタイル	努力して愛情を育む。恋人、夫婦、親子、親友、2人の関係が何であれ、そこに信頼感が生まれる。
金星と天王星の セクスタイル	愛情や好みが偏る。他人には理解されない物事でも、2人にとってはそれが刺激的で楽しい。
金星と海王星の セクスタイル	ロマンティックな関係。2人が恋人同士なら、たっぷり愛し合って幸せな気分に浸れる。
金星と冥王星の セクスタイル	パワフルな関係。2人が恋人同士なら性的な相性が良い。愛情が束縛や依存に変わることも。
金星とアセンダント のセクスタイル	2人が一緒だとフレンドリーな雰囲気が漂う。豊かな愛情や友情で結ばれている印象を与える。
金星とドラゴンヘッド のセクスタイル	欲張り。2人が一緒だとすべてを手に入れたくなるが、努力して理想と現実の折り合いをつける。
金星とドラゴンテイル のセクスタイル	無駄遣い。2人が一緒だと愛情やお金に無頓着になるが、すべてを失うことはない。

♂ 火星 のセクスタイル

火星と木星の セクスタイル	発展のエネルギー。2人が一緒だと血気盛んになり、何でもパワフルに取り組むことができる。
火星と土星の セクスタイル	セルフコントロール。2人が一緒だとエネルギーの空回りを防ぎ、力を加減することができる。
火星と天王星の セクスタイル	突発的なエネルギー。2人が一緒だと刺激を求めるようになり、準備もなく未知の世界へ飛び出す。
火星と海王星の セクスタイル	魂が震えるエネルギー。2人が一緒だと強い使命観が生まれる。カップルなら激しい恋になる。
火星と冥王星の セクスタイル	荒々しいエネルギー。2人が一緒だと超人的なパワーが生まれるが、破壊的になる危険性も。
火星とアセンダント のセクスタイル	若々しくてタフな印象を与える。2人が一緒だと活気が生まれ、精力的なイメージになる。
火星とドラゴンヘッド のセクスタイル	普通の刺激ではガマンできない。2人が一緒だと衝動的になり、危ない橋を渡ることも。
火星とドラゴンテイル のセクスタイル	何かに情熱を注ぐことで生きている実感を得る。精力的に打ち込める対象を常に求めている。

♃ 木星のセクスタイル

木星とアセンダントのセクスタイル	好印象を与える。2人が一緒にいると、TPOに合わせて感じの良い振る舞い方ができる。
木星とドラゴンヘッドのセクスタイル	意欲的になる。2人が一緒だと壮大な目標に向かって走り出すが、無茶をすることはない。
木星とドラゴンテイルのセクスタイル	気前が良くなる。2人が一緒だと大盤振る舞いをするが、それで身を持ち崩すことはない。

♄ 土星のセクスタイル

土星とアセンダントのセクスタイル	慎重で堅実な印象を与える。2人が一緒にいると、周囲に真面目で誠実な人達だと思われる。
土星とドラゴンヘッドのセクスタイル	守りに入る。2人が一緒だと保守的な生き方になり、長時間かけて金銭や物品を貯め込む。
土星とドラゴンテイルのセクスタイル	暗躍する。2人が一緒だと、陰徳を積むこともあれば、人知れず毒を吐くこともある。

♅ 天王星のセクスタイル

天王星とアセンダントのセクスタイル	コロコロ印象が変わる。2人が一緒だといつも新鮮なイメージを与え、面白がられる。
天王星とドラゴンヘッドのセクスタイル	見切りが早い。2人で真剣に打ち込んでいることがあっても、ダメだと思うとすぐ方向転換する。
天王星とドラゴンテイルのセクスタイル	突然すべてを投げ出す。2人が一緒だと慣れ親しんだものを捨てて、生き方を変えたくなる。

♆ 海王星のセクスタイル

海王星とアセンダントのセクスタイル	つかみどころのない、ふわふわとした印象を与える。2人がカップルなら甘い雰囲気が漂う。
海王星とドラゴンヘッドのセクスタイル	夢見がちになる。2人が一緒だと夢が大きく広がるが、だんだん現実離れしていく。
海王星とドラゴンテイルのセクスタイル	その場の雰囲気に流される。2人が一緒だと重要なテーマに直面しても、適当な対応になる。

♇ 冥王星のセクスタイル

冥王星とアセンダントのセクスタイル	周囲に大きな影響を与える。2人が一緒にいると、その場の雰囲気がガラリと変わる。
冥王星とドラゴンヘッドのセクスタイル	貪欲になる。2人が一緒だと際限なく欲望が湧いてくるが、どこかで折り合いがつく。
冥王星とドラゴンテイルのセクスタイル	放棄する。2人が一緒だと大切なものまでどんどん手放すが、最後の一つは取っておく。

スクエア

☉ 太陽 のスクエア

太陽と月のスクエア	「こうしよう」という意志と「こうしたい」という感情がぶつかり合い、折り合いをつけるのが難しい。
太陽と水星のスクエア	2人が一緒だと主張が強くなったり、逆に上手く意見を言えなかったり、意志疎通が困難になる。
太陽と金星のスクエア	ワガママでうぬぼれが強くなる。2人が恋愛関係なら、お互いの人生観と恋愛観がぶつかり合う。
太陽と火星のスクエア	短気でケンカっ早くなる。2人が一緒にいるとエネルギー過剰になり、何でもやりすぎてしまう。
太陽と木星のスクエア	ルーズになる。2人が一緒だと調子に乗って無節操になり、言動が軽はずみになる。
太陽と土星のスクエア	重圧を感じる。2人が一緒だとプレッシャーが大きくなって、自己評価が低くなりがち。
太陽と天王星のスクエア	社会から逸脱する。2人の言動が奇抜すぎて周囲に理解されず、人生がおかしな方向に進む。
太陽と海王星のスクエア	迷いが多い。2人が一緒だと優柔不断になる。現実から目をそむけ、夢ばかりを追いかける。
太陽と冥王星のスクエア	リセット願望が強い。嫌なことがあると2人で一緒にすべてを壊し、ゼロからやり直す。
太陽とアセンダントのスクエア	見た目と中身のギャップが激しい。2人のイメージと実際のキャラクターの違いがマイナスに働く。
太陽とドラゴンヘッドのスクエア	本質を見失う。2人が一緒に立てた人生の目標が、いつの間にか歪曲して違う方向へ進む。
太陽とドラゴンテイルのスクエア	投げやりになる。自己否定が強くなり、2人にとって大事なものまですべて捨ててしまう。

月のスクエア

月と水星のスクエア	気持ちを言葉で伝えることが苦手。説明不足で誤解を招くことも。
月と金星のスクエア	情緒不安定。2人が一緒だと愛情面でぶつかることが多く、特に夫婦だと家庭不和のおそれあり。
月と火星のスクエア	かんしゃく持ち。2人が一緒だとキレやすくなり、突然怒りを爆発させて大ゲンカすることもある。
月と木星のスクエア	だらしない。2人が一緒だとルーズになる。特に恋人同士なら、ふしだらな関係になりがち。
月と土星のスクエア	ストレスに弱く、抑うつの傾向がある。2人が一緒だと自信を失い、劣等感にさいなまれる。
月と天王星のスクエア	自意識過剰。2人が一緒だと反抗的で非常識になりやすく、ささいなことでショックを受ける。
月と海王星のスクエア	意志薄弱。2人が一緒だと現実から目を背けがちで幻想に溺れる。雰囲気に流されやすい。
月と冥王星のスクエア	嫉妬深く、被害妄想が激しい。2人が一緒だと強情になり、排他的で高飛車になる。
月とアセンダントのスクエア	気が強い印象を与える。2人が一緒だと感情があらわになり、嫌いな人に敵意をむき出しにする。
月とドラゴンヘッドのスクエア	思い通りにいかない。2人が一緒だと、本人達の気持ちに反して、無理難題を押しつけられる。
月とドラゴンテイルのスクエア	ワガママで横暴。2人が一緒だと感情が制御できなくなり、周囲に当たり散らす。

☿ 水 星 のスクエア

水星と金星のスクエア	適当な発言が多い。2人が一緒だとつまらないジョークや失礼なコメントが多くなる。
水星と火星のスクエア	攻撃的な発言が増える。2人が一緒だと批判的になり、周囲を見下したり、皮肉ったりする。
水星と木星のスクエア	デリカシーがない。2人が一緒だと厚かましくなり、調子の良い発言や無神経な発言が増える。
水星と土星のスクエア	無口になる。2人が一緒だと卑屈で疑い深くなり、考え方や発言がネガティブになる。
水星と天王星のスクエア	狡猾で皮肉っぽい。2人が一緒だと奇をてらった発言が多くなり、周囲に理解されない。
水星と海王星のスクエア	発言や考え方が曖昧。2人が一緒だと嘘や作り話が多くなり、周囲を煙に巻く。
水星と冥王星のスクエア	コンプレックスが強い。2人が一緒だと疑心暗鬼になり、卑屈なひがみ根性が出てくる。
水星とアセンダントのスクエア	頭は良いが冷淡なイメージ。2人が一緒だと知性を鼻にかけて人をバカにしている印象を与える。
水星とドラゴンヘッドのスクエア	コンプレックスが強い。2人が一緒だといくら勉強しても満足できず、いつまでたっても達成感がない。
水星とドラゴンテイルのスクエア	アピール不足。2人が一緒だと表現力が乏しくなり、意見が通らないとすぐに諦める。

♀ 金星のスクエア

金星と火星のスクエア	欲望のコントロールが利かない。2人が一緒だと理性がなくなり、特に恋愛関係が上手くいかない。
金星と木星のスクエア	派手で贅沢。2人が一緒だと快楽主義が強くなり、後先考えずに浮気や浪費をする。
金星と土星のスクエア	孤独でケチ。2人が恋人同士なら愛情に飢え、仕事の相棒なら金銭的な困難に見舞われる。
金星と天王星のスクエア	挑発的でエキセントリック。2人が一緒だと常軌を逸した言動が増え、特に恋愛観と金銭感覚がおかしくなる。
金星と海王星のスクエア	情緒不安定。2人が一緒だと理想を追い求めて幻想の世界に生き、お互いに依存し合う。
金星と冥王星のスクエア	破滅的。2人が恋人同士なら変質的な愛情に走り、仕事の相棒なら金銭的なトラブルを抱える。
金星とアセンダントのスクエア	自堕落なイメージ。2人が一緒だと贅沢三昧で不節制になり、だらしない印象を与える。
金星とドラゴンヘッドのスクエア	過去のしがらみにとらわれる。2人が一緒だと腐れ縁が邪魔をして、新しい良縁を結べない。
金星とドラゴンテイルのスクエア	愛情の押し売り。2人が一緒だと純粋な愛情を見失いやすく、金の切れ目が縁の切れ目となる。

♂ 火 星 のスクエア

火星と木星のスクエア	極端で無謀。2人が一緒だと反抗的でケンカっ早くなる。ギャンブルには手を出さないのが無難。
火星と土星のスクエア	抑圧と障害。2人が一緒だと無力感にさいなまれ、目の前の壁を乗り越えることができない。
火星と天王星のスクエア	興奮しやすく反抗的。2人が一緒だと神経過敏で反発心が強くなり、イライラを爆発させる。
火星と海王星のスクエア	狂信的。2人が一緒だと不健全な妄想が膨らむ。うぬぼれやすく、努力する方向を間違える。
火星と冥王星のスクエア	暴力的。2人が一緒だと強迫観念に駆られて危険なことに首を突っ込み、破滅への道を進む。
火星とアセンダントのスクエア	一触即発のイメージ。2人が一緒だとケンカや争いが絶えず、常にトラブルの種を抱えている。
火星とドラゴンヘッドのスクエア	否定的。2人が一緒だと自分達への評価が極端に低くなり、投げやりな人生になる。
火星とドラゴンテイルのスクエア	自傷行為や自己卑下を繰り返す。2人で痛みや苦しみを共有することで、生きている実感を得る。

♃ 木星のスクエア

木星とアセンダントのスクエア	不誠実なイメージ。2人が一緒だと自由気ままな言動が軽率に見え、周囲に悪い印象を与える。
木星とドラゴンヘッドのスクエア	自己顕示欲が暴走。2人が一緒だと、大した努力もせず成果を上げようとして、悪目立ちする。
木星とドラゴンテイルのスクエア	偽善的。2人が一緒だと人の役に立とうと尽力するが、最終的に見返りを求めて幻滅される。

♄ 土星のスクエア

土星とアセンダントのスクエア	常に緊張しているイメージ。2人が一緒にいると切迫した雰囲気が漂い、陰湿な印象を与える。
土星とドラゴンヘッドのスクエア	葛藤して苦しむ。2人が一緒だといつまでも理想と現実のその差が縮まらず、苦悩し続ける。
土星とドラゴンテイルのスクエア	自己中心的。2人が一緒だと、苦境の中で「自分達さえ楽になればいい」という意識が働く。

♅ 天王星のスクエア

天王星とアセンダントのスクエア	危ないイメージ。2人が一緒だと、容姿や言動が奇妙な印象を与え、変な緊張感が漂う。
天王星とドラゴンヘッドのスクエア	妄信的。2人が一緒だとおかしなことにハマりやすく、いびつなかたちで目標を達成しようとする。
天王星とドラゴンテイルのスクエア	偏向的。2人が一緒だと偏った罪悪感や不安に駆られやすく、錯乱状態に陥る。

♆ 海王星のスクエア

海王星とアセンダントのスクエア	ひ弱なイメージ。2人が一緒だと主体性に欠け、意志が弱い印象を与える。
海王星とドラゴンヘッドのスクエア	見果てぬ夢を追い求める。2人が一緒だと理想と現実の折り合いがつかず、苦しみ続ける。
海王星ドラゴンテイルのスクエア	だまされやすい。2人が一緒だと意味のない犠牲を強いられ、無暗に搾取される。

♇ 冥王星のスクエア

冥王星とアセンダントのスクエア	頑固でしぶといイメージ。2人が一緒だと、一筋縄ではいかない強情で陰湿な印象を与える。
冥王星とドラゴンヘッドのスクエア	偏狭的な支配欲。2人が一緒だと他人をコントロールしたい願望が強くなり、それに振り回される。
冥王星とドラゴンテイルのスクエア	雲隠れ。2人が一緒だと他人からの干渉を嫌うあまり、世捨て人のような人生を送る。

✳ トライン

◉ 太陽のトライン

太陽と月のトライン	穏やかで円満な関係。2人が一緒だと協力的になり、物事をスムーズに進めることができる。
太陽と水星のトライン	コミュニケーションがスムーズ。2人のアイデアと行動が一致する。仕事仲間としての相性は最高。
太陽と金星のトライン	理想的な相性。2人が恋人同士なら穏やかな愛情を育み、仕事仲間なら金銭的に恵まれる。
太陽と火星のトライン	情熱的。2人が一緒だと不可能を可能にできるような、強いモチベーションが湧いてくる。
太陽と木星のトライン	大きく羽ばたける相性。2人が一緒だとチャンスを最大限に生かしてステップアップできる。
太陽と土星のトライン	強い絆と信頼感がある。2人が一緒だと困難をものともせず、実績を出すことができる。
太陽と天王星のトライン	影響力の強い相性。2人が一緒だと斬新なアイデアが次々と生まれ、大きなインパクトを与える。
太陽と海王星のトライン	スケールが大きい。2人が一緒だと、他の誰も思いつかないような壮大なビジョンを思い描く。
太陽と冥王星のトライン	強い再生力を発揮。2人が一緒だとタフな底力が湧いてきて、ピンチをチャンスに変える。
太陽とアセンダントのトライン	活発なイメージ。2人が一緒だと明るくいきいきとした雰囲気が漂い、周囲に好印象を与える。
太陽とドラゴンヘッドのトライン	健全な野心を持つ。2人が一緒だと、目標の達成に向けて真っすぐでピュアな意欲を燃やす。
太陽とドラゴンテイルのトライン	献身的。2人が一緒だと純粋な奉仕の気持ちが湧いてきて、他者のために全力を尽くす。

月のトライン

月と水星のトライン	フレキシブル。2人が一緒だと周囲への適応力が高まり、素直な表現ができるようになる。
月と金星のトライン	穏やかで優しい。2人が一緒だと愛嬌が出てきて、感情表現も豊かになり、人に好かれる。
月と火星のトライン	情熱的で元気いっぱい。2人が一緒だと意欲的になり、感情表現が大胆になる。
月と木星のトライン	温かく穏やか。2人が一緒だとのんびりした気分になり、言動もおおらかになる。
月と土星のトライン	冷静沈着。2人が一緒だと落ち着きが出てきて、感情を上手くコントロールできる。
月と天王星のトライン	気分が変わりやすい。2人が一緒だと直感が鋭くなり、感情が目まぐるしく動く。
月と海王星のトライン	想像が膨らむ。2人が一緒だと優れたひらめきに恵まれ、どんどんイメージが湧いてくる。
月と冥王星のトライン	情感豊か。2人が一緒だと深く濃い情が湧いてきて、思い入れが強くなる。
月とアセンダントのトライン	親しみやすいイメージ。2人が一緒だとアットホームな雰囲気が漂い、好印象を与える。
月とドラゴンヘッドのトライン	目標に忠実。2人が一緒だと、心の底から望んでいることを自然に追究できる。
月とドラゴンテイルのトライン	自然体でリラックス。2人が一緒だと良い意味で執着がなくなり、最小限のことで満足できる。

☿ 水星 のトライン

水星と金星のトライン	巧みな話術と表現力。2人が一緒だと、イメージを上手く言葉で表現することができる。
水星と火星のトライン	アピール力が強い。2人が一緒だと発言力がアップし、誰にでも積極的に話しかける。
水星と木星のトライン	豊かなコミュニケーション。2人が一緒だと次々に新しい情報が舞い込み、発信力も強くなる。
水星と土星のトライン	寡黙。2人が一緒だと口数は少なくなるが、発言内容は的確で誠実。言葉に重みがある。
水星と天王星のトライン	革新的な観察力と表現力。2人が一緒だと斬新なアイデアが湧き、発明や発見に貢献する。
水星と海王星のトライン	豊かな想像力。2人が一緒だとイメージが無限に広がり、芸術的な分野で力を発揮する。
水星と冥王星のトライン	鋭い洞察力。2人が一緒だと裏を読む能力が発達し、相手の本音や隠れた真実を見抜く。
水星とアセンダントのトライン	人当たりの良いイメージ。2人が一緒だと、さわやかでフレンドリーな印象を与える。
水星とドラゴンヘッドのトライン	有言実行。2人が一緒だとストレートに本音を出し、その通りに生きていく。
水星とドラゴンテイルのトライン	こだわりがない。2人が一緒だと物心両面で欲や執着がなくなり、身軽でシンプルになる。

♀ 金星のトライン

金星と火星のトライン	穏やかな愛情と激しい情熱を持ち合わせる。2人が恋人同士ならセクシャルな相性が抜群。
金星と木星のトライン	温和でセンスが良い。2人が一緒だと穏やかな雰囲気が漂う。経済的にも恵まれる。
金星と土星のトライン	誠実。恋人同士なら真面目な愛情を育み、ビジネスパートナーなら堅実な仕事ができる。
金星と天王星のトライン	優れたセンスと才能を持つ。2人が一緒だと流行に敏感になり、新しいアイデアを取り入れる。
金星と海王星のトライン	どこまでも広がる想像力。2人が一緒だと夢見がちになり、それが新しいイメージを生む。
金星と冥王星のトライン	強烈な愛情と情熱。2人が恋人同士なら大恋愛、ビジネスパートナーなら大事業を成し遂げる。
金星とアセンダントのトライン	とても仲が良いイメージ。2人が一緒だと温和な雰囲気が漂い、幸せそうな印象を与える。
金星とドラゴンヘッドのトライン	愛と平和。2人が一緒だと素晴らしいチャンスに恵まれ、それを周囲の人と分かち合う。
金星とドラゴンテイルのトライン	慈悲と博愛。2人が一緒だと、積極的に社会貢献やボランティアに励む。

♂ 火星のトライン

火星と木星のトライン	エネルギッシュ。2人が一緒だと精力的かつ活動的になり、チャレンジ精神も旺盛になる。
火星と土星のトライン	不屈の根性。2人が一緒だと負けず嫌いになり、逆境下でも粘り強く力を発揮する。
火星と天王星のトライン	自由で革新的。2人が一緒だとパイオニア精神に火がつき、積極的に新しい道を切り開く。
火星と海王星のトライン	理想と情熱。2人が一緒だと壮大な夢が広がり、その実現に向けてパワフルに活動する。
火星と冥王星のトライン	超人的な底力。2人が一緒だと精神的にも肉体的にもタフになり、自信に満ち溢れる。
火星とアセンダントのトライン	熱血漢なイメージ。2人が一緒だとテンションが高くなり、元気で積極的なイメージを与える。
火星とドラゴンヘッドのトライン	強い目的意識。2人が一緒だと強い野心が生まれ、共通の目標達成に向かって邁進する。
火星とドラゴンテイルのトライン	現状に満足しない。2人が一緒だと、既に手に入れた成果や評価をどんどん捨てる。

木星のトライン

木星とアセンダントのトライン	楽観的なイメージ。2人が一緒だと温和な雰囲気が漂い、ごきげんで優しい印象を与える。
木星とドラゴンヘッドのトライン	明るく健全な野心を抱く。2人が一緒だと向上心が高まり、目標達成に向けて積極的に生きる。
木星とドラゴンテイルのトライン	楽天的で屈託がない。2人が一緒だと肩の力が抜け、細かいことに執着しなくなる。

土星のトライン

土星とアセンダントのトライン	真面目で堅実なイメージ。2人が一緒だとコツコツ頑張る努力家の印象を与える。
土星とドラゴンヘッドのトライン	堅忍不抜。2人が一緒だと忍耐力と持久力が生まれ、どんな困難に見舞われてもくじけない。
土星とドラゴンテイルのトライン	社会性が高い。2人が一緒だと世のため、人のために頑張らなければという意識が強くなる。

天王星のトライン

天王星とアセンダントのトライン	ただ者ではないイメージ。2人が一緒だと、何か新しいことをやってくれそうな印象を与える。
天王星とドラゴンヘッドのトライン	革新的。2人が一緒だと斬新なアイデアとパワフルな行動力で、新しい時代を切り開く。
天王星とドラゴンテイルのトライン	退路を断つ。2人が一緒だと、新しい物を得るために古い物をすべて捨て去る。

♆ 海王星のトライン

海王星とアセンダントのトライン	柔和なイメージ。2人が一緒だと穏やかな雰囲気が漂い、優しそうな印象を与える。
海王星とドラゴンヘッドのトライン	高い理想と向上心。2人が一緒だと夢がどんどん大きくなり、希望も膨らんでいく。
海王星ドラゴンテイルのトライン	博愛精神が強い。2人が一緒だと、自分達のことより他人のことを優先する。

♇ 冥王星のトライン

冥王星とアセンダントのトライン	強烈なイメージ。2人が一緒だと個性が強くなり、一目見たら忘れないインパクトを与える。
冥王星とドラゴンヘッドのトライン	あくなき追究心。2人が一緒だと理想が高くなり、究極の地点にたどり着くために命がけで頑張る。
冥王星とドラゴンテイルのトライン	捨て身の覚悟。2人が一緒だとすべてを投げ出し、世のため人のために全身全霊で頑張る。

オポジション

☉ 太陽 のオポジション

太陽と月 のオポジション	心の中に矛盾を抱える。2人が一緒だと、「やりたいこと」と「やるべきこと」の間で葛藤する。
太陽と水星の オポジション	理性が成功を妨げる。2人が一緒だと頭でっかちになり、やりたいことがあっても計画倒れになる。
太陽と金星 のオポジション	自意識過剰でうぬぼれが強くなる。2人がカップルなら、子供っぽい恋愛になる。
太陽と火星 のオポジション	何でもやりすぎる傾向がある。2人が一緒だとエネルギーが過剰になり、お互いにつぶし合う。
太陽と木星 のオポジション	無鉄砲。2人が一緒だと勢いだけで行動してしまい、事態の収拾がつかなくなる。
太陽と土星 のオポジション	努力が空回りする。2人が一緒だと気負いが強くなり、実りのない物事に必死で取り組む。
太陽と天王星 のオポジション	やりすぎ注意。2人で一緒に斬新な企画を実現するが、規則を破って迷惑をかけることもある。
太陽と海王星 のオポジション	信頼度が低い。2人が一緒だと理想ばかり語って実行力が乏しいので、あまり期待されない。
太陽と冥王星 のオポジション	自業自得。2人が一緒だと何事にも容易に屈しないが、結果的に自分達の首を絞めて苦しくなる。
太陽とアセンダント のオポジション	パワフルなイメージ。2人が一緒だと強い存在感があるが、同時に自己中心的な印象を与える。
太陽とドラゴンヘッド のオポジション	学びと発展が少ない。2人が一緒だと常に自己流を貫くため、偏った人生になる。
太陽とドラゴンテイル のオポジション	プライドの放棄。2人が一緒だと周囲の評価や評判に無頓着になり、責任感と義務感もなくなる。

月のオポジション

月と水星 のオポジション	感情表現が極端。2人が一緒だと活発に議論するか、黙り込んでしまうか、どちらかになる。
月と金星 のオポジション	可愛さ余って憎さ百倍。2人が一緒だと「好き」と「嫌い」が交互にやってきて混乱する。
月と火星 のオポジション	一触即発の関係。2人が一緒だと感情がぶつかり合うことが多く、すぐケンカになる。
月と木星 のオポジション	軽率でルーズ。2人が一緒だと脇が甘くなり失敗することも多いが、全く反省しない。
月と土星 のオポジション	感情表現が苦手。緊張して居心地の悪さを感じる。2人がカップルなら欲求不満になる。
月と天王星 のオポジション	パニックに陥る。2人が一緒だとイライラしてお互いを信頼できず、荒んだ気持ちになる。
月と海王星 のオポジション	迷いやすくなる。2人が一緒だと冷静な判断力を失い、気分が浮ついて現実逃避しがち。
月と冥王星 のオポジション	劇的に感情が変化する。相手のことを大好きになったり、逆に大嫌いになったりする。
月とアセンダント のオポジション	イメージを裏切る。周囲が思い描く2人のイメージに反発し、あえて正反対のことをする。
月とドラゴンヘッド のオポジション	本心から目を背ける。2人が一緒だと世間体を気にして、本当にやりたいことができない。
月とドラゴンテイル のオポジション	過去にとらわれる。2人が一緒だと過去の暗い出来事がネックになり、気分が後ろ向きになる。

☿ 水 星
のオポジション

水星と金星のオポジション	理性と欲望の間で葛藤する。2人が一緒だと、本人達の希望と発言の内容が食い違う。
水星と火星のオポジション	言動が極端になる。2人が一緒だと発言が皮肉っぽくなったり、過労になるまで働いたりする。
水星と木星のオポジション	発言が大げさ。2人が一緒だと、思いついたことをペラペラしゃべってしまう傾向がある。
水星と土星のオポジション	コミュニケーションが苦手。2人が一緒だと、考え方が凝り固まり、紋切り型の発言しかしなくなる。
水星と天王星のオポジション	考え方が非現実的。2人が一緒だと斬新な発想が生まれるが、奇抜すぎて誰にも理解されない。
水星と海王星のオポジション	曖昧な発言で周囲を煙に巻く。2人が一緒だと現実逃避的になり、甘い言葉にだまされやすい。
水星と冥王星のオポジション	頑固一徹で強情。2人が一緒だと意地っ張りになり、意見を曲げないしぶとさが出てくる。
水星とアセンダントのオポジション	押しが強い印象。2人が一緒だと巧みな話術で注目を集めるが、話が大げさでしつこいところも。
水星とドラゴンヘッドのオポジション	イメージと正反対。2人が一緒だと、周囲の期待をわざと裏切るような発言をする。
水星とドラゴンテイルのオポジション	発言にタブーなし。2人が一緒だと思ったことを何でも口にするので、失言や暴言も多くなる。

♀ 金星のオポジション

金星と火星 のオポジション	エゴや甘えがぶつかり合う困難な関係。2人が恋人同士だと、特に反発が激しくなる。
金星と木星 のオポジション	大ざっぱで軽率。2人が一緒だと脇が甘くなり、特に金銭面、愛情面がルーズになる。
金星と土星 のオポジション	愛情不足で欲求不満。2人が一緒にいるとストレスが溜まり、失望や孤独感が強くなる。
金星と天王星 のオポジション	羽目を外す。2人が一緒だと「普通」でいることが嫌になり、突飛で奇抜な方向へ進む。
金星と海王星 のオポジション	あやふやで混乱する。2人が一緒だと非現実的になり、特に金銭感覚や恋愛観が不安定になる。
金星と冥王星 のオポジション	破滅的になる。感情の振れ幅が大きく、特に2人が恋人同士なら愛憎入り乱れる仲になる。
金星とアセンダント のオポジション	気分屋な印象を与える。2人が一緒だと明るい雰囲気になるが、軽薄なイメージもある。
金星とドラゴンヘッド のオポジション	固定観念に縛られる。2人が一緒だと窮屈を感じることが増え、恋人同士なら腐れ縁になる。
金星とドラゴンテイル のオポジション	楽しむことに罪悪感を抱く。2人が一緒だと金遣いが荒くなり、恋人同士なら破滅的な関係になる。

♂ 火星 のオポジション

火星と木星 **のオポジション**	猪突猛進で無鉄砲。2人が一緒だと衝動的になりやすく、後先考えずに行動して失敗する。
火星と土星 **のオポジション**	無力感にさいなまれる。2人が一緒だと閉塞感を感じやすく、やる気を失くしてしまう。
火星と天王星 **のオポジション**	一触即発。2人が一緒だとワガママでキレやすくなり、ささいなことがトラブルに発展する。
火星と海王星 **のオポジション**	熱狂と心酔。2人が一緒だと何かに熱中しやすく、行き過ぎると依存や中毒に陥ることもある。
火星と冥王星 **のオポジション**	過剰なエネルギー。2人が一緒だと自制心を失いやすく、すぐ激高して乱暴になる。
火星とアセンダント **のオポジション**	威圧的。2人が一緒だとピリピリした雰囲気になり、周囲に緊張感を与える。
火星とドラゴンヘッド **のオポジション**	貪欲で根拠のない自信を持つ。2人が一緒だと、欲望の赴くまま何でも手に入れようとする。
火星とドラゴンテイル **のオポジション**	乱暴で退廃的。2人が一緒だと、大切な物まで手当たり次第に破壊・廃棄してしまう。

木星のオポジション

木星とアセンダントのオポジション	気楽なイメージ。2人が一緒だと緊張感に欠け、ふざけていて甘ったれた印象を与える。
木星とドラゴンヘッドのオポジション	根拠のない自信が湧いてくる。2人が一緒だと何でもできる気がする。
木星とドラゴンテイルのオポジション	異常にテンションが高い。2人が一緒だと自制心がなくなり、高ぶる感情を抑えられなくなる。

土星のオポジション

土星とアセンダントのオポジション	ストイックなイメージ。2人が一緒だと威圧的な印象を与え、重苦しく暗い雰囲気が漂う。
土星とドラゴンヘッドのオポジション	重圧と戦う。2人で強い使命感を持って難題に立ち向かうが、精神的に追い詰められやすい。
土星とドラゴンテイルのオポジション	限界がない。2人が一緒だと簡単にギブアップできなくなり、際限なく努力を強いられる。

天王星のオポジション

天王星とアセンダントのオポジション	エキセントリックなイメージ。2人が一緒だと何をしでかすかわからないような、危ない印象を与える。
天王星とドラゴンヘッドのオポジション	変化への渇望。2人が一緒だと飽きっぽくなり、新しい刺激を追い求めて常に転がり続ける。
天王星とドラゴンテイルのオポジション	脱皮と消耗。2人が一緒だと「常に変わり続けなければ」という強迫に駆られ、激しく疲弊する。

♆ 海王星 のオポジション

海王星とアセンダントのオポジション	つかみどころのないイメージ。2人が一緒にいてもあまり存在感がなく、印象が薄い。
海王星とドラゴンヘッドのオポジション	精神的な充足を追求する。2人で一緒に幻影を追い求め、非現実的な夢の世界に生きる。
海王星とドラゴンテイルのオポジション	自己犠牲的。2人が一緒だと、世の中の役に立つために進んで自分達の身を削る。

♇ 冥王星 のオポジション

冥王星とアセンダントのオポジション	強烈なイメージ。2人が一緒だと不穏な雰囲気が漂い、近寄りがたい印象を与える。
冥王星とドラゴンヘッドのオポジション	野心が強い。2人が一緒だと強い支配欲が出てきて、世の中を根本的に変えようとする。
冥王星とドラゴンテイルのオポジション	リセット願望が強い。自分達の思い通りにならないことがあると、ゼロからやり直そうとする。

参考文献

アストロ・コミュニケーション・サービス 著『完全版 日本占星天文暦 1900 年～ 2010 年』、
魔女の家BOOKS、1998 年
ルル・ラブア著『ホロスコープ占星術』、学習研究社、1993 年
ジュディ・ホール著（加野敬子訳）『占星術バイブル』、産調出版、2007 年
ドラえもんルーム編『藤子・F・不二雄の発想術』、小学館、2014 年
Hand, Robert. *Planets in Composite, Analyzing Human Relationships,* Whitford Press,
A Division of Schiffer Publishing, Ltd., Atglen, PA, 1997.
Townley, John. *Composite Charts, The Astrology of Relationship,* Llewellyn Publications,
Woodbury, MN, 2000.

おわりに

　最後までお読みいただき、ありがとうございました。
　「コンポジット占星術」の世界は、いかがでしたでしょうか？　本書は西洋占星術の基礎をマスターし、さらにステップアップを目指している方を想定して執筆しました。
　「面白い!」と思った方もいれば、「難しい……」と感じた方もいるでしょう。
　「面白いけれど難しい」。そんな相反する感想は、そのまま「コンポジット占星術」のテーマである「人間関係」や「相性」に通じるものです。研究を進めるほどいろいろなパターンが出てきて興味が尽きませんが、同時にとても複雑で判断が難しく、奥が深いテーマなのです。
　私が「コンポジット占星術」を実践し始めたのも、人間関係や相性の「面白さ」と「難しさ」を痛感していたからです。
　鑑定の現場で「相性を見てほしい」というご相談が多かったという事情もありますが、それ以上に「人間関係や相性をどこまで占えるか」ということに興味がありました。
　世の中にはいろいろな人がいます。その分、人間関係もさまざまで、相性のバリエーションも千差万別です。
　私が実際に鑑定したケースの一部をご紹介すると……仲が悪いのに離婚せず、何十年も一緒に暮らしている夫婦。犬猿の仲と言われつつ、逆にお互いの存在が良い刺激となっているライバル同士。長い交際期間を経てようやく結婚したと思ったら、すぐに離婚してしまったカップル。遠距離恋愛のうちは上手くいっていたのに、同居した途端別れてしまった恋人達。このように、人間関係や相性はかんたんに理解できない、摩訶不思議なテーマなのです。

そんな時、「コンポジット占星術」に出合いました。
　西洋占星術で人間関係や相性を判断する方法はいくつかありますが、2人の人物のネイタルチャートを重ね合わせるだけでなく、それを合体させてしまうという「コンポジット占星術」の技法はかなり斬新です。
　私も最初は「計算上の仮想ポイントから、人間関係や相性を見ることができるのか？」という疑問を抱いていました。しかし、実際にコンポジットチャートを作ってみると、そこには2人の人物のネイタルチャートや2重円チャートを作っただけではわからない、興味深い現象が表れていることに気づきました。
　コンポジットチャートには、2人が互いに影響を与え、混ざり合ったり反発し合ったりした結果、まるで「化学反応」のように新しい関係性が生まれる様子が表れていたのです。
　本書を読んで「コンポジット占星術」に興味を持った方は、実際にあなたと気になる相手のコンポジットチャートを作成してみることをオススメします。
　父、母、兄弟姉妹、親友、恋人、夫、妻、仕事のパートナー、ライバル……など、あなたにとって特別な関係の人や親密に付き合っている人に注目し、それぞれの相手とあなたのコンポジットチャートを作ってみてください。
　「コンポジット占星術」の良いところは、単純な相性の善し悪しだけではなく、相性を判断する上での「新しい視点」を得られるという点です。コンポジットチャートを通して、2人が一緒にいることで生まれる新たな可能性と、より良い関係を育むためのヒントを見つけることができるでしょう。
　また、本書は「ホロスコープ作成のテキスト＆練習帳」の役割も兼ね備えています。ケーススタディの章で手書きホロスコープを掲載するに当たり、私も実際に

何枚もホロスコープチャートを作成しました。途中で計算ミスをしたり、書き間違えたりする度に作り直しが必要なので、とても緊張感があり、集中力が必要な作業でした。

　日頃ホロスコープ作成ソフトを使用している方は、「そんなアナログな作業は面倒くさい」と思うかもしれません。ただ、実際に手を動かしながらホロスコープを作ると、知識や理屈にとらわれず、惑星のリアルな動きを体感することができます。ホロスコープを手書きしたことがないという方は、だまされたと思って（？）ぜひ一度トライしてみてください。

　最後に、本書の出版に当たってお世話になった皆様に、心よりお礼申し上げます。特に、ケーススタディにご登場いただいたみなさま、快く貴重な情報を提供していただき、ありがとうございました。

　占星術講座、占いライター養成講座、アストロダイス講座、アストロカード®講座の受講生のみなさまには、授業を通じて本書を書き進めるキッカケやヒントをいただきました。

　また、出版の機会を設けてくださった説話社・出版部の高木利幸様、ホロスコープチャートをオリジナルで作成してくださったデザイナーの市川さとみ様、説話社・営業部の棚田利和様にも、心よりお礼を申し上げます。

　執筆中にサポートしてくれた家族や友人にも感謝しています。ありがとうございました。

2014年5月吉日
伊藤マーリン

ホロスコープ作成用シート

― チャート区分　ネイタル　コンポジット ―

名前

生年月日

出生時間

出生地

ハウスシステム

☉	
☽	
☿	
♀	
♂	
♃	
♄	
♅	
♆	
♇	
☊	
☋	

Asc	
MC	
1	
2	
3	
4	
5	
6	
7	
8	
9	
10	
11	
12	

― 2重円チャート ―

内円 _____　　外円 _____

ハウスシステム _____

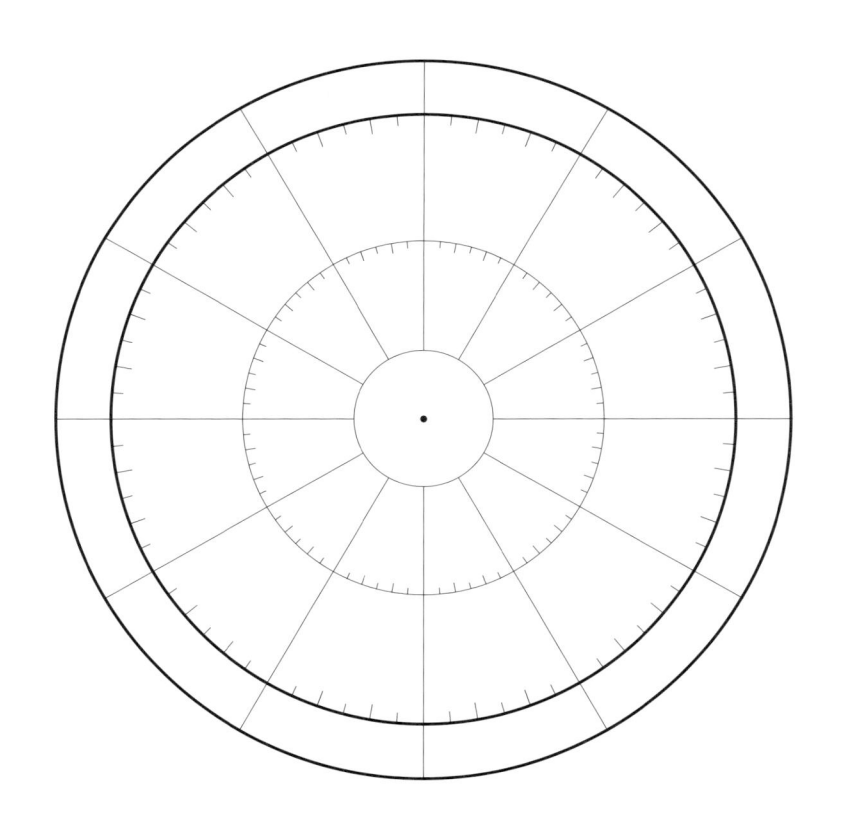

■ シート1

【地方恒星時の計算式】

　　　　　　　　　　　　　　　時（h）　分（m）　秒（s）
① 恒星時（Sid.Time）　　　　　___:___:___
② 出生時（24時間表示）　＋　　___:___:___
③ 地方時間差　　　　　　±　　___:___:___
④ 時間の加速度　　　　　＋　　___:___:___
　　　　　　　　　　　　　　　時（h）　分（m）　秒（s）
⑤ 地方恒星時　　　　　　＝　　___:___:___

■ シート2

【ハウスカスプ記入表】

恒星時 時 分 秒	10H	11H	12H	ASC	2H	3H

↑10Hのハウスカスプ　↑11Hのハウスカスプ　↑12Hのハウスカスプ　↑1Hのハウスカスプ　↑2Hのハウスカスプ　↑3Hのハウスカスプ

	4H	5H	6H	DES 7H	8H	9H

↑4Hのハウスカスプ　↑5Hのハウスカスプ　↑6Hのハウスカスプ　↑7Hのハウスカスプ　↑8Hのハウスカスプ　↑9Hのハウスカスプ

■ シート 3

【補正時刻を求める計算式】

	時 (h)	分 (m)	秒 (s)
① 出生時 (24時間表示)		:	:
② 地方時間差　±		:	:
		:	→

■ シート 4

【惑星の位置を求める計算式】

	サイン	度 (°)	分 (′)	秒 (″)
① 出生日の翌日の惑星位置	(　　)		:	:
② 出生日の惑星位置	(　　)		:	:
③ 1日の移動量（①-②）=			:	:

④ 1日当たりの惑星の移動量（度）
⑤ 1時間当たりの惑星の移動量（④÷24）
⑥ 出生時までの惑星の移動量（⑤×補正済出生時刻）
⑦ 出生時の惑星位置（②＋⑥）

■ シート5

コンポジットチャート作成用記入シート1			
【　　　】さん	サインの度数【①】	360度変換数値【②】	360度表示【①＋②】
太陽			
月			
水星			
金星			
火星			
木星			
土星			
天王星			
海王星			
冥王星			
ドラゴンヘッド			
ドラゴンテイル			
ASC			
MC			

■ シート6

【コンポジットチャート】	コンポジットチャート作成用記入シート2			
	【　】さん 360度表示【①】	【　】さん 360度表示【②】	(①+②)÷2	サインの度数
太陽				
月				
水星				
金星				
火星				
木星				
土星				
天王星				
海王星				
冥王星				
ドラゴンヘッド				
ドラゴンテイル				
ASC				
MC				

伊藤マーリン
(いとう・まーりん)

占術家。アストロカード®考案者。
立教大学文学部卒。在学中に米国留学。
出版社勤務を経てハッピーコンパス株式会社を設立。
「占いは信じるものではなく、幸せになるための道具」をモットーに活躍中。
東京・銀座でアストロカード®、トートタロット、占星術の講座を開催する他、
個人鑑定で開運アドバイスを行っている。
雑誌、WEB、スマートフォンアプリでの占い・心理テストの提供実績も多数。
著書に『ザ・トート・タロット』(説話社)がある。
伊藤マーリン・オフィシャルHP　http://astrocard.net/ito/

2人のホロスコープで読み解く究極の相性診断法
コンポジット占星術(せんせいじゅつ)

発行日　2014年6月20日　初版発行

著　者　伊藤マーリン
発行者　酒井文人
発行所　株式会社説話社
〒169-8077 東京都新宿区西早稲田1-1-6
電話／03-3204-8288(販売)　03-3204-5185(編集)
振替口座／00160-8-69378
URL http://www.setsuwasha.com/

イラスト・デザイン　市川さとみ
編集担当　高木利幸

印刷・製本　株式会社平河工業社
© Merlin Ito Printed in Japan 2014
ISBN 978-4-906828-07-4　C2011

落丁本・乱丁本はお取り替えいたします。
購入者以外の第三者による本書のいかなる電子複製も一切認められていません。

説話社の本

「はじめての人」から「知っている人」まで
トート・タロット占いはこの1冊でOK！

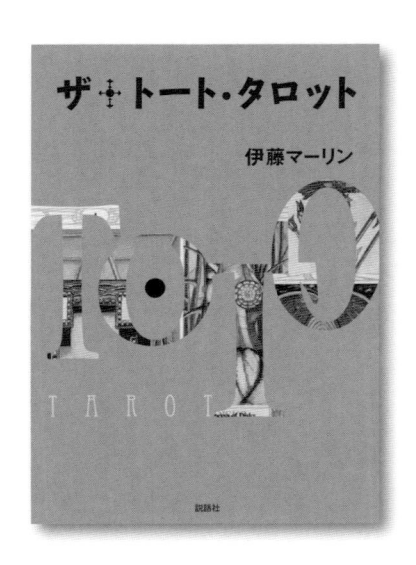

ザ・トート・タロット

伊藤マーリン・著

A5判・並製・260頁
本体 3800 円＋税

アレイスター・クロウリーが作り上げ、欧米で大人気のタロット、トート・タロット。複雑難解な黒魔術的解釈ではなく、あくまでも、誰もが使えるタロット占いとして解説したのが本書です。すべてのカードを1枚ずつ丁寧に説明してるので、初心者でも楽しみながら学ぶことができます。カードは現物そのままのオールカラー表示。眺めるだけでもあなたのインスピレーションは冴え渡るはずです。

説話社の本

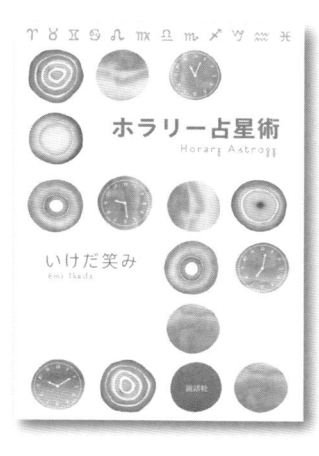

ホラリー占星術

いけだ笑み・著
A5判・並製・288頁　　本体 2200 円＋税

事件や問題が起こった時間と場所の動きに注目してホロスコープを作成し、解決の糸口を見つける技法、それが「ホラリー」です。ホラリーチャートの読み方をステップ形式でわかりやすく解説。豊富なケーススタディと合わせて読むことでさらに理解力が高まるはずです。

トランシット占星術

松村潔・著
A5判・並製・324頁　　本体 2400 円＋税

「トランシット」とは、出生図と通過する惑星の相互作用から未来を予測する技法です。冥王星・海王星・天王星に注目するのが最大の特徴といえます。本書では各天体がどのハウスに入った時にどのような影響を与えるかも詳しく解説。古代の占星術技法である「パラン」を使っての恒星の影響も取り上げています。

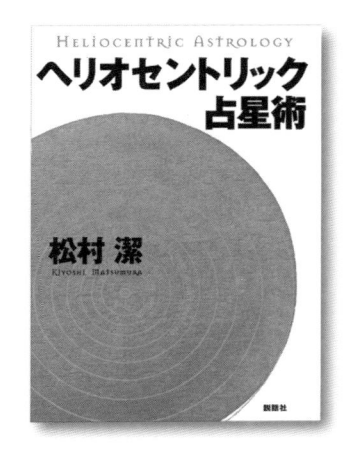

ヘリオセントリック占星術

松村潔・著

A5判・並製・240頁　　本体2400円＋税

私達にとって馴染みの深い、地球から太陽を見た「太陽星座」としてではなく、太陽から地球を見るという「地球星座」による技法が「ヘリオセントリック」です。これまでの価値観を180度変える力をあなたに与えてくれる、新占星術です。

ディグリー占星術

松村潔・著

A5判・並製・252頁　　本体2400円＋税

ホロスコープに記された「ディグリー（＝度数）」から、その人自身をさらに深く読み解く技法です。12サイン共通の1度から30度までのシンボルを読み解くことで、あらたな発見があるはずです。また、単純に1度から30度までの意味と、12サイン別の解説もありますから、サビアンシンボルとして勉強されたい方にも最適の1冊です。

説話社の本

基本の「き」目からウロコの
西洋占星術入門

いけだ笑み・著

A5判・並製・136頁　　本体1200円＋税

基本から楽しく始められる西洋占星術の入門書。リーディンのための基礎知識やノウハウ、マークの書き方などを懇切丁寧に解説しています。また、リーディングの第一歩として、太陽サインと月サインの組合せ144パターンも紹介。

続　基本の「き」目からウロコの
西洋占星術入門

いけだ笑み・著

A5判・並製・148頁　　本体1300円＋税

前著を踏まえて、もう一歩踏み出したい方に最適の1冊。惑星×サイン、惑星×ハウス、惑星×惑星の三つの組合せをわかりやすく説明していきます。前著と合わせて読むことで、基本的リーディング力は身につくはずです。